MÉMOIRES
D'UN MÉDECIN

PAR ALEXANDRE DUMAS.

JOSEPH BALSAMO.

Deuxième Partie.

ANDRÉE DE TAVERNEY.

9

PARIS,
ALEXANDRE CADOT, ÉDITEUR,
32, rue de la Harpe.

1847

MÉMOIRES
D'UN MÉDECIN.

Ouvrages du Marquis de Foudras.

EN VENTE.

Lilia la Tyrolienne. .... 4 vol. in-8
Suzanne d'Estouville. .... 4 vol. in-8
Tristan de Beauregard. .... 4 vol. in-8
La comtesse Alvinzi. .... 2 vol. in-8
Madame de Miremont. .... 2 vol. in-8

SOUS PRESSE.

Les chevaliers du lansquenet. ...... 4 vol. in-8
Les gentilshommes chasseurs. ..... 2 vol. in-8
Un drame en famille. .... 2 vol. in-8
Un caprice de grande dame. .... 2 vol. in-8
Jacques de Brancion. .... 2 vol. in-8
Lord Algernon. .... 2 vol. in-8
Les viveurs d'autrefois. .... 2 vol. in-8

LA COMTESSE
DE SALISBURY

Par Alexandre Dumas.

Tomes 3 et 4 et derniers.

Corbeil, imprimerie de CRÉTÉ.

MÉMOIRES
D'UN MÉDECIN

PAR ALEXANDRE DUMAS.

JOSEPH BALSAMO.

Deuxième Partie.

ANDRÉE DE TAVERNEY.

9

PARIS,
ALEXANDRE CADOT, ÉDITEUR,
52, rue de la Harpe.

1847
1848

ALEXANDRE CADOT, ÉDITEUR,

32, RUE DE LA HARPE.

LES CHEVALIERS

DU

LANSQUENET

Roman de mœurs contemporaines,

PAR

Le Marquis DE FOUDRAS.

Personne n'ignore aujourd'hui que les scandales et les désordres qui ont affligé la haute société depuis quelques années ont eu pour origine la passion du jeu, poussée à un excès qui ne s'était vu à aucune époque des annales de nos mœurs. Troubles dans des ménages jusqu'alors unis; fils de famille gravement compromis; fonctionnaires publics convaincus de corruption ; gêne et misère dans des intérieurs sinon opulents du moins aisés, tels sont les déplorables résultats du vice que nous venons de signaler. Ils devaient frapper vivement un esprit aussi observateur que celui de l'auteur de *Suzanne d'Estouville, de Lilia la Tyrolienne*, et de tant d'autres productions où l'analyse du cœur humain est si profonde et si vraie, et *les Chevaliers du Lansquenet* ont vu le jour.

Cette œuvre que nous croyons appelée à prendre rang à côté des livres les plus célèbres de notre époque, est la peinture la plus fidèle qu'on puisse faire des malheurs et des hontes dans lesquels la passion du jeu peut faire tomber jusqu'a des hommes longtemps irréprochables. L'auteur, la pensée attachée sur le but qu'il voulait atteindre, n'a reculé devant aucun détail de son vaste et douloureux sujet. Depuis l'escroc obscur jusqu'au *grec* de bonne compagnie qui a des titres, des décorations et des chevaux ; depuis la courtisanne de bas étage, complice impure du premier, jusqu'à la femme d'un certain monde, vile associée du second, il a tout peint, tout mis en scène avec une implacable mais loyale vérité. Tout est réel, exact, vivant, dans cette œuvre où tout paraît au premier abord exagéré et fantastique : c'est le dernier coin du voile qui couvrait toute une classe de la société parisienne, soulevé par une main hardie, non dans la pensée coupable de corrompre, mais avec le désir sincère d'éclairer un des abîmes qu'il cachait.

L'ouvrage formera 6 volumes, in-8, les tomes 1 et 2 paraîtront fin septembre prochain et il sera entièrement terminé fin novembre.

Ce livre ne paraîtra dans aucun journal.

Sceaux. — Imprimerie de E. Dépée.

Ouvrages du Marquis de Foudras.

EN VENTE.

Lilia la tyrolienne . . . . 4 vol. in-8
Suzanne d'Estouville . . . . . . 4 vol. in-8
Tristan de Beauregard . . . . . . 4 vol. in-8
La comtesse Alvinzi . . . . 2 vol. in-8
Madame de Miremont . . . . . . 2 vol. in-8

SOUS PRESSE.

Les gentilshommes chasseurs . . . 2 vol. in-8
Un drame en famille . . . . . . 2 vol. in-8
Un caprice de grande dame . . . 2 vol. in-8
Jacques de Brancion . . . . . . 2 vol. in-8
Mémoires de lord Algernon . . . 2 vol. in-8
Les viveurs d'autrefois . . . . . 2 vol. in-8

LA COMTESSE
DE SALISBURY

Par Alexandre Dumas.

Tomes 3 et 4, et derniers.

I

Andrée de Taverney.

Le 30 mai suivant, c'est-à-dire le surlendemain de cette effroyable nuit, nuit comme l'avait dit Marie-Antoinette, pleine de présages et d'avertissements, Paris célébrait à son tour les fêtes du mariage de son roi futur. Toute la population, en conséquence, se dirigea vers la place Louis XV, où devait être tiré le feu d'artifice, ce complément de toute grande solennité publique que le Parisien prend en badinant, mais dont il ne peut se passer.

L'emplacement était bien choisi. Six cent mille spectateurs y pouvaient circuler à l'aise. Autour de la statue équestre de Louis XV des charpentes avaient été disposées circulairement, de façon à permettre la vue du feu à tous les spectateurs de la place, en élevant ce feu de dix à douze pieds au-dessus du sol.

Les Parisiens arrivèrent, selon leur habitude, par groupes et cherchèrent longtemps les meilleures positions, privilège inattaquable des premiers venus.

Les enfants trouvèrent des arbres, les hommes graves des bornes, les femmes des garde-fous des fossés et des échafaudages mobiles dressés en plein vent par les spéculateurs-bohêmes comme on en trouve à toutes les fêtes parisiennes, et à qui une riche imagination permet de changer de spéculation chaque jour.

Vers sept heures, avec les premiers

curieux, on vit arriver quelques escouades d'archers.

Le service de surveillance ne se fit point par les gardes-françaises, auxquelles le bureau de la ville ne voulut pas accorder la gratification de mille écus demandée par le colonel maréchal duc de Biron.

Ce régiment était à la fois craint et aimé de la population près de laquelle chaque membre de ce corps passait à la fois pour un César et pour un Mandrin. Les gardes-françaises, terribles sur le champ de bataille, inexorable dans l'accomplissement de leurs fonctions, avaient, en temps de paix et hors du service, une affreuse réputation de bandits; en tenue, ils étaient beaux, vaillants, intraitables, et leurs évolutions plaisaient aux femmes et imposaient aux maris. Mais libres de la consigne, disséminés en simples particuliers dans la foule, ils devenaient la terreur de ceux dont la veille ils avaient fait l'admiration, et persécutaient fort ceux qu'ils allaient protéger le lendemain.

Or, la ville, trouvant dans ses vieux ressentiments contre ces coureurs de nuit et ces habitués de tripots une raison de ne pas donner les mille écus aux gardes françaises, la ville, disons-nous, envoya ses seuls archers bourgeois, sous ce prétexte spécieux, du reste, que dans une fête de famille, pareille à celle qui se préparait, le gardien ordinaire de la famille devait suffire.

On vit alors les gardes françaises en congé se mêler aux groupes dont nous avons parlé, et licencieux autant qu'ils eussent été sévères, causer dans la foule, en leur qualité de bourgeois de guérite, tous les petits désordres qu'ils eussent réprimés de la crosse, des pieds et du coude, voire même de l'arrestation, si leur chef, leur César Biron, eût eu le droit de les appeler ce soir-là soldats.

Les cris des femmes, les grognements des bourgeois, les plaintes des marchands dont on mangeait gratis les petits gâteaux et le pain d'épice, préparaient un faux-tumulte avant le vrai tumulte qui devait naturellement avoir lieu quand six cent mille curieux seraient réunis sur cette place, et ils animaient la scène de manière à reproduire, vers les huit heures du soir, sur la place Louis XV, un vaste tableau de Téniers avec des grimaces françaises.

Après que les gamins parisiens, à la fois les plus pressés et les plus paresseux du monde connu se furent placés ou hissés, que les bourgeois et le peuple eurent pris position, arrivèrent les voitures de la noblesse et de la finance.

Aucun itinéraire n'avait été tracé, elles débouchèrent donc sans ordre par les rues de la Madeleine et Saint-Honoré, amenant aux bâtiments neufs ceux qui avaient reçu des invitations pour les fenêtres et les balcons du gouverneur, fenêtres et balcons d'où l'on devait voir le feu admirablement.

Ceux des gens à voiture qui n'avaient pas d'invitations laissèrent leurs carrosses au tournant de la place et se mêlèrent à pied, précédés de leurs valets, à la foule toute serrée déjà, mais qui laisse toujours de la place à quiconque sait la conquérir.

Il était curieux de voir avec quelle sagacité ces curieux savaient dans la nuit aider leur marche ambitieuse de chaque inégalité de terrain. La rue très large, mais non encore achevée, qui devait s'appeler rue Royale, était coupée çà et là de fossés profonds au bord desquels on avait entassé des décombres et des terres de fouille. Chacune de ces petites éminences avait son groupe, pareil à un flot plus élevé au milieu de cette mer humaine.

De temps en temps, le flot poussé par les autres flots s'écroulait au milieu des rires de la multitude encore assez peu pressée pour qu'il n'y eût point de danger à de pareilles chutes, et pour que ceux qui étaient tombés pussent se relever.

Vers huit heures et demie, tous les regards divergens jusque-là commencèrent à se braquer dans la même direction et se fixèrent sur la charpente du feu d'artifice. Ce fut alors que les coudes, jouant sans relâche, commencèrent à maintenir sérieusement l'intégrité de la possession du terrain contre les envahisseurs sans cesse renaissants.

Ce feu d'artifice, combiné par Ruggieri, était destiné à rivaliser, rivalité que l'orage de la surveille avait rendue facile, était destiné à rivaliser, disons-nous, avec le feu d'artifice exécuté à Versailles par l'ingénieur Torre. On savait à Paris que l'on avait peu profité à Versailles de la libéralité royale, qui avait accordé cinquante mille livres pour ce feu, puisqu'aux premières fusées ce feu avait été éteint par la pluie, et comme le temps était beau le soir du 50 mai, les Pariisens jouissaient d'avance de leur triomphe assuré sur leurs voisins les Versaillais.

D'ailleurs Paris attendait beaucoup mieux de la vieille popularité de Ruggieri que de la nouvelle réputation de Torre.

Au reste, le plan de Ruggieri, moins capricieux et moins vague que celui de son confrère, accusait des intentions pyrotechniques d'un ordre tout-à-fait distingué : l'allégorie, reine de cette épo-

que, s'y mariait au style architectonique
le plus gracieux; la charpente figurait
ce vieux temple de l'Hymen qui, chez les
Français, rivalise de jeunesse avec le
temple de la Gloire; il était soutenu par
une colonnade gigantesque, et entouré
d'un parapet aux angles duquel des
dauphins, gueule béante, n'attendaient
que le signal pour vomir des torrents de
flammes. En face des dauphins s'éle-
vaient, majestueux et guindés, sur leurs
urnes, la Loire, le Rhône, la Seine et le
Rhin, ce fleuve que nous nous obstinons
à naturaliser français malgré tout le
monde, et, s'il faut en croire les chants
modernes de nos amis les Allemands,

malgré lui-même, tous quatre, nous parlons des fleuves, tous quatre, disons-nous, prêts à épancher, au lieu de leurs eaux, le feu bleu, blanc, vert et rose au moment où devait s'enflammer la colonnade.

D'autres pièces d'artifice s'embrâsant aussi au même instant, devaient former de gigantesques pots à fleurs sur la terrasse du palais de l'Hymen.

Enfin, toujours sur ce même palais, destiné à porter tant de choses différentes, s'élevait une pyramide lumineuse terminée par le globe du monde; ce globe, après avoir fulguré sourdement, devait éclater comme un tonnerre, en une masse de girandoles de couleur.

Quant au bouquet, réserve obligatoire et si importante que jamais Parisien ne juge d'un feu d'artifice que par le bouquet, Ruggieri l'avait séparé du corps de la machine : il était placé du côté de la rivière, après la statue, dans un bastion tout bourré de pièces de rechange, de sorte que le coup-d'œil devait gagner encore à cette surélévation de trois à quatre toises, qui plaçait le pied de la gerbe sur un piédestal.

Voilà les détails dont se préoccupait Paris. Depuis quinze jours les Parisiens regardaient avec beaucoup d'admiration Ruggieri et ses aides passant comme des ombres dans les lueurs funèbres de leurs échafaudages, et s'arrêtant avec des gestes étranges pour attacher leurs mèches, assurer leurs amorces.

Aussi le moment où les lanternes furent apportées sur la terrasse de la charpente, moment qui indiquait l'approche de l'embrâsement, produisit-il une vive sensation dans la foule, et quelques rangs des plus intrépides reculèrent-ils, ce qui produisit une longue osciltalion jusqu'aux extrémités de la foule.

Les voitures continuaient d'arriver, et commençaient à envahir la place elle-même. Les chevaux appuyaient leurs têtes sur les épaules des derniers spectateurs, qui commençaient à s'inquiéter de ces dangereux voisins. Bientôt derrière les voitures s'amassa la foule toujours croissante, de sorte que les voitures, eussent-elles voulu se retirer elles-mêmes, ne le pouvaient plus, emboîtées qu'elles se trouvaient par cette inondation compacte et tumultueuse. Alors on vit, avec cette audace du Parisien qui envahit, laquelle n'a de pendant que la longanimité du Parisien qui se laisse envahir, alors on vit monter sur ces impériales, comme des naufragés sur des rocs, des gardes françaises, des ouvriers, des laquais.

L'illumination des boulevards jetait de loin sa lueur rouge sur les têtes des milliers de curieux au milieu desquelles la baïonnette d'un archer bourgeois, scintillante comme l'éclair, apparaissait aussi rare que le sont les épis restés debout dans un champ que l'on vient de faucher.

Aux flancs des bâtiments neufs, aujourd'hui l'hôtel Crillon et le Garde-Meuble de la couronne, les voitures des invités, au milieu desquelles on n'avait pris la précaution de ménager aucun passage, les voitures des invités, disons-nous, avaient formé trois rangs qui s'étendaient d'un côté du boulevard aux Tuileries, de l'autre du boulevard à la rue des Champs-Élysées, en tournant comme un serpent trois fois replié sur lui-même.

Le long de ce triple rang de carrosses, on voyait errer, comme des spectres au bord du Styx, ceux des conviés que les voitures de leurs prédécesseurs empêchaient d'abord à la grande porte et qui, étourdis par le bruit, craignant de fouler, surtout les femmes tout habillées et chaussées de satin, ce pavé poudreux, se heurtaient aux flots du peuple qui les raillait sur leur délicatesse, et cherchant un passage entre les roues des voitures et les pieds des chevaux, se glissaient comme ils pouvaient jusqu'à leur destination, but aussi envié que l'est le port dans une tempête.

Un de ces carrosses arriva vers neuf heures, c'est-à-dire quelques minutes à peine avant l'heure fixée pour mettre le feu à l'artifice, pour se frayer à son tour un passage jusqu'à la porte du gouverneur. Mais cette prétention, déjà si disputée depuis quelque temps, était, à ce moment, devenue au moins téméraire, sinon impossible. Un quatrième rang avait commencé de se former, renforçant les trois premiers, et les chevaux qui en faisaient partie, tourmentés par la foule, de fringants devenus furieux, lançaient à droite et à gauche, à la moindre irritation, des coups de pieds qui avaient déjà produit quelques accidents perdus dans le bruit et dans la foule.

Accroché aux ressorts de cette voiture qui venait de frayer son chemin dans la foule, un jeune homme marchait, éloignant tous les survenants qui essayaient de s'emparer de ce bénéfice d'une locomotive qu'il semblait avoir confisqué à son profit.

Quand le carrosse s'arrêta, le jeune homme se jeta de côté, mais sans lâcher le ressort protecteur auquel il continua de se cramponner d'une main. Il put donc entendre par la portière ouverte la conversation animée des maîtres de la voiture.

Une tête de femme, vêtue de blanc et coiffée avec quelques fleurs naturelles, se pencha hors de la portière. Aussitôt, une voix lui cria :

— Voyons, Andrée, provinciale que vous êtes, ne vous penchez pas ainsi, ou mordieu ! vous risquez d'être embrassée par le premier rustre qui passera. Ne voyez-vous pas que notre carrosse est au milieu de ce peuple comme il serait au milieu de la rivière ? Nous sommes dans l'eau, ma chère, et dans l'eau sale ; ne nous mouillons pas.

La tête de la jeune fille rentra dans la voiture.

— C'est qu'on ne voit rien d'ici, monsieur, dit-elle; si seulement nos chevaux pouvaient faire un demi-tour, nous verrions par la portière, et nous serions presque aussi bien qu'à la fenêtre du gouverneur.

— Tournez, cocher, cria le baron.

— C'est chose impossible, monsieur le baron, répondit celui-ci; il me faudrait écraser dix personnes.

— Eh! pardieu, écrase.

— Oh! monsieur, dit Andrée.

— Oh! mon père! dit Philippe.

— Qu'est-ce que c'est que ce baron-là qui veut écraser le pauvre monde? crièrent quelques voix menaçantes.

— Parbleu! c'est moi, dit de Taverney qui se pencha, et, en se penchant, montra un grand cordon rouge en sautoir.

Dans ce temps-là, on respectait encore les grands cordons, même les grands cordons rouges; on grommela, mais sur une gamme descendante.

— Attendez, mon père, je vais descendre, dit Philippe et voir s'il y a moyen de passer.

— Prenez-garde, mon frère, vous allez vous faire tuer; entendez-vous les hennissements des chevaux qui se battent.

— Vous pouvez bien dire des rugissements, reprit le baron. Voyons, nous allons descendre, dites qu'on se dérange, Philippe, et que nous passions.

— Ah! vous ne connaissez plus Paris, mon père, dit Philippe. Ces façons de maîtres étaient bonnes autrefois; mais aujourd'hui peut-être bien pourraient-elles ne point réussir, et vous ne voudriez point compromettre votre dignité, n'est-ce pas ?

— Cependant quand ces drôles sauront qui je suis.

— Mon père, dit en souriant Philippe, quand vous seriez le Dauphin lui-même, on ne se dérangerait pas pour vous ; j'en ai bien peur en ce moment surtout, car voilà le feu d'artifice qui va commencer.

— Alors nous ne verrons rien, dit Andrée avec humeur.

— C'est votre faute, pardieu ! répondit le baron, vous avez mis plus de deux heures à votre toilette.

— Mon frère, dit Andrée, ne pourrais-je prendre votre bras et me placer avec vous au milieu de tout le monde?

— Oui, oui, ma petite dame, dirent plusieurs voix d'hommes, touchés par la beauté d'Andrée ; oui, venez, vous n'êtes pas grosse et l'on vous fera une place.

— Voulez-vous, Andrée? demanda Philippe.

— Je veux bien, dit Andrée. Et elle s'élança légèrement sans toucher le marchepied de la voiture.

— Soit, dit le baron; mais moi, qui me moque des feux d'artifice, moi je reste ici.

— Bien, restez, dit Philippe, nous ne nous éloignons pas, mon père.

En effet, la foule toujours respectueuse quand aucune passion ne l'irrite, toujours respectueuse devant cette reine suprême qu'on appelle la beauté, la foule s'ouvrit devant Andrée et son frère, et un bon bourgeois, possesseur avec sa famille d'un banc de pierre, fit écarter sa femme et sa fille pour qu'Andrée trouvât une place entre elles.

— Philippe se plaça aux pieds de sa sœur, qui appuya une de ses mains sur son épaule.

Gilbert les avait suivis, et placé à quatre pas des deux jeunes gens, dévorait des yeux Andrée.

— Etes-vous bien, Andrée? demanda Philippe.

— A merveille, répondit la jeune fille.

— Voilà ce que c'est que d'être belle, dit en souriant le vicomte.

— Oui, oui, belle, bien belle, murmura Gilbert.

Andrée entendit ces paroles; mais comme elles venaient sans doute de la bouche de quelque homme du peuple, elle ne s'en préoccupa point davantage qu'un dieu de l'Inde ne se préoccupe de l'hommage que dépose à ses pieds un pauvre paria.

II

Le Feu d'artifice.

Andrée et son frère étaient à peine établis sur le banc que les premières fusées serpentèrent dans les nuages, et qu'un grand cri s'éleva de la foule, désormais tout entière au coup-d'œil qu'allait offrir le centre de la place.

Le commencement de l'embrâsement fut magnifique et digne en tout de la haute réputation de Ruggieri. La décoration du temple s'alluma progressivement et présenta bientôt une façade de feux. Des applaudissements retentirent ; mais ces applaudissements se changèrent bientôt en bravos frénétiques, lorsque de la gueule des dauphins et des urnes des fleuves s'élancèrent des jets de flamme qui croisèrent leurs cascades de feux de différentes couleurs.

Andrée transportée d'étonnement à la vue de ce spectacle qui n'a pas d'équivalent au monde, celui d'une population de sept cent mille âmes rugissant de joie en face d'un palais de flammes, Andrée ne cherchait pas même à cacher ses impressions.

A trois pas d'elle, caché par les épaules herculéennes d'un porte-faix, qui élevait en l'air son enfant, Gilbert regardait Andrée pour elle, et le feu d'artifice parce qu'elle le regardait.

Gilbert voyait Andrée de profil ; chaque fusée éclairait ce beau visage, et causait un tressaillement au jeune homme ; il lui semblait que l'admiration générale naissait de cette contemplation adorable, de cette créature divine qu'il idolâtrait.

Andrée n'avait jamais vu ni Paris ni la foule, ni les splendeurs d'une fête ; cette multiplicité de révélations qui venaient assiéger son esprit l'étourdissait.

Tout-à-coup, une vive lueur éclata, s'élançant en diagonale du côté de la rivière. C'était une bombe éclatant avec fracas et dont Andrée admirait les feux diversifiés.

— Voyez donc, Philippe, que c'est beau, dit-elle.

— Mon Dieu! s'écria le jeune homme inquiet, sans lui répondre, cette dernière fusée est bien mal dirigée : elle a dévié certainement de sa route, car, au lieu de décrire sa parabole, elle s'est échappée presque horizontalement.

Philippe achevait à peine de manifester une inquiétude qui commençait à se faire ressentir par les frémissements de la foule, qu'un tourbillon de flammes jaillit du bastion sur lequel était placé le bouquet et la réserve des artifices. Un bruit pareil à celui de cent tonnerres se croisant en tous sens gronda sur la place, et, comme si ce feu eût renfermé une mitraille dévorante, il mit en déroute les curieux les plus rapprochés qui sentirent un instant cette flamme inattendue les mordre au visage.

— Déjà le bouquet? déjà le bouquet? criaient les spectateurs les plus éloignés. Pas encore! C'est trop tôt!

— Déjà! répéta Andrée. Oh! oui, c'est trop tôt!

— Non, dit Philippe, non, ce n'est pas le bouquet; c'est un accident qui dans un moment, va bouleverser comme les flots de la mer cette foule encore calme.

Venez, Andrée ; regagnons notre voiture ; venez.

— Oh ! laissez-moi voir encore, Philippe ; c'est si beau !

— Andrée, pas un instant à perdre, au contraire ; suivez-moi. C'est le malheur que j'appréhendais. Une fusée perdue a mis le feu au bastion. On s'écrase déjà là-bas. Entendez-vous des cris ? Ceux-là ne sont plus des cris de joie, mais des cris de détresse. Vite, vite, à la voiture. Messieurs, messieurs, laissez-nous passer.

Et Philippe passant son bras autour de la taille de sa sœur, l'entraîna du côté de son père, qui inquiet, lui aussi, et pressentant, aux clameurs qui se faisaient entendre, un danger dont il ne pouvait se rendre compte, mais dont la présence lui était démontrée, penchait sa tête hors de la portière et cherchait des yeux ses enfants.

Il était déjà trop tard, et la prédiction de Philippe se réalisait. Le bouquet, composé de quinze mille fusées, éclatait, s'échappant dans toutes les directions et poursuivant les curieux comme ces dards de feu que l'on lance dans l'arène aux taureaux que l'on veut exciter au combat.

Les spectateurs, étonnés d'abord, puis effrayés, avaient reculé avec la force de l'irréflexion devant cette rétrogression invincible de cent mille personnes; cent mille autres, étouffées, avaient donné le même mouvement à leur arrière-garde, la charpente prenait feu, les enfants criaient, les femmes, suffoquées, levaient les bras; les archers frappaient à droite et à gauche, croyant faire taire les criards et rétablir l'ordre par la violence. Toutes ces causes combinées firent que le flot dont parlait Philippe tomba comme une trombe sur le coin de la place qu'il occupait; au lieu de rejoindre la voiture du baron, comme il y comptait, ce jeune homme fut donc entraîné par le courant, courant irrésistible, et dont nulle descrip-ion ne saurait donner une idée, car les forces individuelles, décuplées déjà par la peur et la douleur, se centuplaient par l'adjonction des forces générales.

Au moment où Philippe avait entraîné Andrée, Gilbert s'était laissé aller dans le flot qui les emportait ; mais, au bout d'une vingtaine de pas, une bande de fuyards, qui tournait à gauche dans la rue de la Madeleine, souleva Gilbert, et l'entraîna tout rugissant de se sentir séparé d'Andrée.

Andrée cramponnée au bras de Philippe, fut englobée dans un groupe qui cherchait à éviter la rencontre d'un carrosse attelé de deux chevaux furieux. Philippe le vit venir à lui rapide et menaçant; les chevaux semblaient jeter le feu par les yeux, l'écume par les naseaux. Il fit des efforts surhumains pour dévier de son passage. Mais tout fut inutile, il vit s'ouvrir la foule derrière lui, il aperçut les têtes fumantes des deux animaux insensés; il les vit se cabrer comme ces chevaux de marbre qui gardent l'entrée des Tuileries, et comme l'esclave qui essaie de les dompter. Lâchant le bras d'Andrée et la repoussant autant qu'il était en lui hors de la voie dangereuse, il sauta au mors du cheval qui se trouvait de son côté ; le cheval se cabra, Andrée vit son frère de son côté retomber, fléchir et disparaître, elle jeta un cri, étendit les bras, fut repoussée, tournoya et au bout d'un instant se trouva seule, chancelante, emportée comme la plume au vent, sans pouvoir faire à la force qui l'attirait plus de résistance qu'elle.

Des cris assourdissants, bien plus terribles que des cris de guerre, des hennissements de chevaux, un bruit affreux de roues qui tantôt broyaient le pavé, tantôt les cadavres, le feu livide des charpentes qui brûlaient, l'éclair sinistre des sabres qu'avaient tirés quelques soldats furieux, et par-dessus tout ce sanglant cahos, la statue en bronze, éclairée de fauves reflets et présidant au carnage, c'était plus qu'il ne fallait pour troubler la raison d'Andrée et lui enlever toutes ses forces. D'ailleurs les forces d'un Titan eussent été impuissantes dans une pareille lutte, lutte d'un seul contre tous, plus la mort.

Andrée poussa un cri déchirant ; un

soldat s'ouvrit un passage dans la foule en frappant la foule de son épée.

L'épée avait brillé au-dessus de sa tête.

Elle joignit les mains comme fait le naufragé quand passe la dernière vague sur son front, cria : mon Dieu ! et tomba.

Lorsqu'on tombait on était mort.

Mais ce cri terrible, suprême, quelqu'un l'avait entendu, reconnu, recueilli ; Gilbert, entraîné loin d'Andrée, à force de lutter, s'était approché d'elle ; courbé sous le même flot qui avait englouti Andrée, il se releva, sauta sur cette épée qui machinalement avait menacé Andrée, étreignit à la gorge le soldat qui allait frapper, le renversa ; près du soldat était étendue une jeune femme vêtue d'une robe blanche ; il la saisit, l'enleva comme eût fait un géant.

Lorsqu'il sentit sur son cœur cette forme, cette beauté, ce cadavre peut-être, un éclair d'orgueil illumina son visage ; le sublime de la situation, lui ! le sublime de la force et du courage ! Il se lança avec son fardeau dans un courant d'hommes, dont le torrent eût certes enfoncé un mur en fuyant. Ce groupe le soutint, le souleva, le porta lui et la jeune fille ; il marcha, ou plutôt il roula ainsi durant quelques minutes. Tout-à-coup le torrent s'arrêta comme brisé par quelque obstacle. Les pieds de Gilbert touchèrent la terre ; alors seulement il sentit le poids d'Andrée, leva la tête pour se rendre compte de l'obstacle, et se vit à trois pas du Garde-Meuble. Cette masse de pierres avait broyé la masse de chair.

Pendant ce moment de halte anxieuse, il eut le temps de contempler Andrée, endormie d'un sommeil épais comme la mort : le cœur ne battait plus, les yeux étaient fermés, le visage était violacé comme une rose qui se fane.

Gilbert la crut morte. A son tour, il poussa un cri, appuya ses lèvres sur la robe d'abord, sur la main, puis s'enhardissant par l'insensibilité, il dévora de baisers ce visage froid, ces yeux gonflés sous leurs paupières clouées. Il rougit, pleura, rugit, essaya de faire passer son âme dans la poitrine d'Andrée, s'étonnant que ses baisers, qui eussent échauffé un marbre, fussent sans force sur ce cadavre.

Soudain Gilbert sentit le cœur battre sous sa main.

— Elle est sauvée! s'écria-t-il en voyant fuir cette tourbe noire et sanglante, en écoutant les imprécations, les cris, les soupirs, l'agonie des victimes. Elle est sauvée! c'est moi qui l'ai sauvée!

Le malheureux, le dos appuyé à la muraille, les yeux fixés vers le port, n'avait pas regardé à sa droite; à sa droite devant les carrosses, arrêtés longtemps par les masses, mais qui, moins serrés enfin dans leur étreinte, commençaient à s'ébranler; à droite devant les carrosses, galoppant bientôt comme si cochers et chevaux eussent été pris d'un vertige général, fuyaient vingt mille malheureux, mutilés, atteints, broyés les uns par les autres.

Instinctivement ils longeaient les murailles, contre lesquelles les plus proches étaient écrasés.

Cette masse entraînait ou étouffait tous ceux qui, ayant pris terre auprès du Garde-Meuble, se croyaient échappés au naufrage. Un nouveau déluge de coups, de corps, de cadavres inonda Gilbert; il trouva des renfoncements produits par les grilles et s'y appliqua.

Le poids des fuyards fit craquer ce mur.

Gilbert étouffé se sentit prêt à lâcher prise, mais réunissant toutes ses forces par un suprême effort, il entoura le corps d'Andrée de ses bras, appuyant sa tête contre la poitrine de la jeune fille. On eût dit qu'il voulait étouffer celle qu'il protégeait.

— Adieu, adieu, murmura-t-il en mordant sa robe plutôt qu'il ne l'embrassait ; adieu.

Puis il releva les yeux pour l'implorer d'un dernier regard.

Alors une vision étrange s'offrit à ses yeux.

C'était debout sur une borne, accroché de la main droite à un anneau scellé dans la muraille, tandis que de la main gauche il semblait rallier une armée de fugitifs; c'était un homme qui, voyant passer toute cette mer furieuse à ses pieds, lançait tantôt une parole, tantôt faisait un geste. A cette parole, à ce geste, on voyait alors parmi la foule quelque individu isolé, s'arrêtant, faisant un effort, luttant, se cramponnant pour arriver jusqu'à cet homme. D'autres, arrivés à lui, semblaient dans les nouveaux venus reconnaître des frères, et ces frères, ils les aidaient à se tirer de la foule, les soulevant, les soutenant, les attirant à eux. Ainsi, déjà ce noyau d'hommes luttant avec ensemble, pareil à la pile d'un pont qui divise l'eau, était parvenu à diviser la foule et à tenir en échec les masses des fugitifs.

A chaque instant de nouveaux lutteurs qui semblaient sortir de dessous terre à ces mots étranges prononcés, à ces singuliers gestes répétés, venaient faire cortège à cet homme.

Gilbert se souleva par un dernier effort ; il sentait que là était le salut, car là était le calme et la puissance. Un dernier rayon de la flamme des charpentes, se

-ravivant pour mourir, éclaira le visage de cet homme. Il jeta un cri de surprise.

— Oh! que je meure, que je meure, murmura Gilbert; mais qu'elle vive! Cet homme a le pouvoir de la sauver.

Et, dans un élan d'abnégation sublime, soulevant la jeune fille sur ses deux poings :

— Monsieur le baron de Balsamo! cria-t-il, sauvez Mademoiselle Andrée de Taverney?

Balsamo entendit cette voix qui, comme celle de la Bible, criait des profondeurs de la foule : il vit se lever au-dessus de cette onde dévorante une forme blanche ; son cortège bouleversa tout ce qui lui faisait obstacle ; et, saisissant Andrée que soutenaient encore les bras défaillants de Gilbert, il la prit, et, poussé par un mouvement de cette foule qu'il avait cessé de contenir, il l'emporta sans avoir le temps de détourner la tête.

Gilbert voulut articuler un dernier mot ; peut-être après avoir imploré la protection de cet homme étrange pour Andrée, voulait-il la demander pour lui-même ; mais il n'eut que la force de coller ses lèvres au bras pendant de la jeune fille, et d'arracher, de sa main crispée, un morceau de la robe de cette nouvelle Eurydice que lui arrachait l'enfer.

Après ce baiser suprême, après ce dernier adieu, le jeune homme n'avait plus qu'à mourir; aussi n'essaya-t-il point de lutter plus longtemps : il ferma les yeux, et, mourant, tomba sur un monceau de morts.

III

Le Champ des Morts.

Aux grandes tempêtes succède toujours le calme, calme effrayant, mais réparateur.

Il était deux heures du matin ou à peu près, de grands nuages blancs courant sur Paris dessinaient en traits énergiques, sous une lune blafarde, les inégalités de ce terrain funeste, aux fossés duquel la foule qui s'enfuyait avait trouvé la chute et la mort.

Çà et là, à la lueur de la lune, perdue de temps en temps au sein de ces grands nuages floconneux dont nous avons parlé et qui tamisaient sa lumière, çà et là, disons-nous, au bord des talus, dans les fondrières, apparaissaient des cadavres aux vêtements en désordre, les jambes raides, le front livide, les mains étendues en signe de terreur ou de prière.

Au milieu de la place, une fumée jaune et infecte s'échappant des décombres de la charpente contribuait à donner à la place Louis XV une apparence de champ de bataille.

Au milieu de cette place sanglante et désolée, serpentaient mystérieusement et d'un pas rapide des ombres qui s'arrêtaient, regardaient autour d'elles, se baissaient et fuyaient : c'étaient les voleurs de la mort attirés vers leur proie comme des corbeaux ; ils n'avaient pu dépouiller les vivants, ils venaient dépouiller les cadavres tout surpris d'avoir été prévenus par des confrères. On les voyait se sauver mécontents et effarés à la vue des tardives baïonnettes qui les menaçaient; mais, au milieu de ces longues files de morts, les voleurs et le guet n'étaient pas les seuls que l'on vît se mouvoir.

Il y avait, munis de lanternes, des gens que l'on eût pu prendre pour des curieux.

Tristes curieux, hélas! car c'étaient les parents et les amis inquiets qui n'avaient vu rentrer ni leurs frères, ni leurs amis, ni leurs maîtresses. Or, ils arrivaient des quartiers les plus éloignés, car l'horrible nouvelle s'était déjà répandue sur Paris, désolante comme un ouragan, et les anxiétés s'étaient subitement traduites en recherches.

C'était un spectacle plus affreux à voir, peut-être, que celui de la catastrophe.

Toutes les impressions se peignaient sur ces visages pâles, depuis le désespoir de ceux qui retrouvaient le cadavre bien-aimé, jusqu'au morne doute de celui qui ne retrouvait rien et qui jetait un coup-d'œil avide vers la rivière, qui coulait monotone et frémissante.

On disait que bien des cadavres avaient déjà été jetés au fleuve par la prévôté de Paris, qui, coupable d'imprudence, voulait cacher ce nombre effrayant de morts que son imprudence avait faits.

Puis, quand ils ont rassasié leur vue de ce spectacle stérile, quand ils en ont été saturés; les deux pieds mouillés par l'eau de la Seine, l'âme éteinte de cette dernière angoisse que traîne avec lui le cours nocturne d'une rivière, ils partent, leur lanterne à la main, pour explorer les rues voisines de la place, où, dit-on, beaucoup de blessés se sont traînés pour avoir du secours et fuir du moins le théâtre de leurs souffrances.

Quand, par malheur, ils ont trouvé parmi les cadavres l'objet regretté, l'ami perdu, alors les cris succèdent à la déchirante surprise, et des sanglots s'élevant vers un nouveau point du théâtre sanglant répondent à d'autres sanglots!

Parfois encore la place retentit de bruits soudains. Tout-à-coup une lanterne tombe et se brise, le vivant s'est jeté à corps perdu sur le mort pour l'embrasser une dernière fois.

Il y a d'autres bruits encore dans ce vaste cimetière.

Quelques blessés, dont les membres ont été brisés par la chute, dont la poitrine a été labourée par l'épée ou comprimée par l'oppression de la foule, râlent un cri, ou poussent un gémissement en forme de prière, et aussitôt accourent ceux qui espèrent trouver leur ami, et qui s'éloignent quand ils ne l'ont pas reconnu.

Toutefois, à l'extrémité de la place, près du jardin, s'organise avec le dévoûment de la charité populaire une ambulance. Un jeune chirurgien, on le reconnaît pour tel du moins à la profusion d'instruments dont il est entouré; un jeune chirurgien se fait apporter les hommes et les femmes blessés; il les panse, et, tout en les pansant, il leur dit de ces mots qui expriment plutôt la haine contre la cause que la pitié pour l'effet.

A ses deux aides, robustes colporteurs, qui lui font passer la sanglante revue, il crie incessamment : — Les femmes du peuple, les hommes du peuple d'abord. Ils sont aisés à reconnaître, plus blessés presque toujours, moins richement parés certainement.

A ces mots, répétés après chaque pansement avec une stridente monotonie, un jeune homme au front pâle, qui, un fallot à la main, cherche parmi les cadavres, a pour la seconde fois relevé la tête.

Une large blessure qui lui sillonne le front laisse échapper quelques gouttes de sang vermeil ; un de ses bras est soutenu par son habit qui l'enferme entre deux boutons ; son visage, couvert de sueur, trahit une émotion incessante et profonde.

A cette recommandation du médecin entendue comme nous l'avons dit, pour la seconde fois, il releva la tête, et, regardant tristement ces membres mutilés, que l'opérateur semblait, lui, regarder presque avec délice :

— Oh! monsieur, dit-il pourquoi choisissez-vous parmi les victimes?

— Parce que, dit le chirurgien levant la tête à cette interpellation, parce que personne ne soignera les pauvres, si je ne pense pas à eux, et que les riches seront toujours assez recherchés ! Abaissez votre lanterne et interrogez le pavé ; vous trouvez cent pauvres pour un riche ou un noble. Et dans cette catastrophe encore, avec un bonheur qui finira par lasser Dieu lui-même, les nobles et les riches ont payé le tribut qu'ils paient d'ordinaire : un sur mille.

Le jeune homme éleva son falot à la hauteur de son front sanglant.

— Alors, je suis donc le seul, dit-il sans s'irriter, moi, gentilhomme perdu comme tant d'autres en cette foule, moi, qu'un coup de pied de cheval a blessé au front, et qui me suis brisé le bras gauche en tombant dans un fossé. On court après les riches et les nobles, dites-vous; vous voyez bien cependant que je ne suis pas encore pansé.

— Vous avez votre hôtel, vous..., votre médecin; retournez chez vous, puisque vous marchez.

— Je ne vous demande pas vos soins, monsieur; je cherche ma sœur, une belle jeune fille de seize ans, hélas! tuée sans doute, quoiqu'elle ne soit pas du peuple. Elle avait une robe blanche, et un collier avec une croix au cou ; bien qu'elle ait son hôtel et son médecin, répondez-moi par pitié, avez-vous vu, monsieur, celle que je cherche ?

— Monsieur, dit le jeune chirurgien avec une véhémence fiévreuse, qui prouvait que les idées exprimées par lui bouillaient depuis longtemps dans sa poitrine; monsieur, l'humanité me guide; c'est pour elle que je me dévoue, et, quand je laisse sur son lit de mort l'aristocratie pour relever le peuple en souffrance, j'obéis à la loi véritable de cette humanité dont j'ai fait ma déesse. Tous les malheurs arrivés aujourd'hui viennent de vous ; ils viennent de vos abus, de vos envahissements ; supportez-en donc les conséquences. Non, monsieur, je n'ai pas vu votre sœur.

Et, sur cette foudroyante apostrophe, l'opérateur se remet à la besogne. On venait de lui apporter une pauvre femme, dont un carrosse avait broyé les deux jambes.

— Voyez, ajouta-t-il, en poursuivant de ce cri Philippe qui s'enfuyait, voyez, sont-ce les pauvres qui lancent dans les fêtes publiques leurs carrosses de façon à broyer les jambes des riches ?

Philippe qui appartenait à cette jeune noblesse qui nous a donné les Lafayette et les Lameth, avait plus d'une fois professé les mêmes maximes qui l'épouvantaient dans la bouche de ce jeune homme; leur application retomba sur lui comme un châtiment.

Le cœur brisé, il s'éloigna des environs de l'ambulance pour suivre sa triste exploration; au bout d'un instant, emporté par la douleur, on l'entendit crier d'une voix pleine de larmes :

— Andrée! Andrée!

Près de lui passait en ce moment, marchant d'un pas précipité, un homme déjà vieux, vêtu d'un habit de drap gris, de bas drapés, et de la main droite s'appuyant sur une canne, tandis que de la gauche il tenait une de ces lanternes faites d'une chandelle enfermée dans du papier huilé.

Entendant gémir ainsi Philippe, cet homme comprit ce qu'il souffrait, et murmura :

— Pauvre jeune homme !

Mais comme il paraissait être venu

pour une cause pareille à la sienne, il passa outre.

Puis tout-à-coup, comme s'il se fût reproché d'être passé devant une si grande douleur sans avoir essayé d'y apporter quelque consolation :

— Monsieur, lui dit-il, pardonnez-moi de mêler ma douleur à la vôtre, mais ceux qui sont frappés du même coup doivent s'appuyer l'un à l'autre pour ne pas tomber. D'ailleurs... vous pouvez m'être utile. Vous cherchez depuis longtemps, car votre bougie est prête à s'éteindre, vous devez donc connaître les endroits les plus funestes de la place.

— Oh! oui, monsieur, je les connais.

— Eh bien! moi aussi je cherche quelqu'un.

— Alors, voyez d'abord au grand fossé; là, vous trouverez plus de cinquante cadavres.

— Cinquante, juste ciel! tant de victimes tuées au milieu d'une fête!

— Tant de victimes, monsieur! j'ai

déjà éclairé mille visages, et je n'ai pas encore retrouvé ma sœur.

— Votre sœur?

— C'est là-bas, dans cette direction qu'elle était. Je l'ai perdue près d'un banc. J'ai retrouvé la place où je l'avais perdue, mais d'elle nulle trace. Je vais recommencer à la chercher à partir du bastion.

— De quel côté allait la foule, monsieur?

— Vers les bâtiments neufs, vers la rue de la Madeleine.

— Alors, ce doit être de ce côté ?

— Sans doute, aussi ai-je cherché de ce côté d'abord; mais il y avait de terribles remous. Puis le flot allait par-là, c'est vrai, mais une pauvre femme qui a la tête perdue ne sait où elle va, et cherche à fuir dans toutes les directions.

— Monsieur, c'est peu probable qu'elle ait lutté contre le courant, je vais chercher du côté des rues; venez avec moi, et, tous deux réunis, peut-être nous trouverons...

— Et que cherchez-vous, votre fils? demanda timidement Philippe.

— Non, monsieur, mais un enfant que j'avais presque adopté.

— Vous l'avez laissé venir seul?

— Oh! c'était un jeune homme déjà : dix-huit à dix-neuf ans. Maître de ses actions, il a voulu venir, je n'ai pas pu l'empêcher. D'ailleurs, on était si loin de deviner cette horrible catastrophe!... Mais votre bougie s'éteint...

— Oui, monsieur.

— Venez avec moi, je vous éclairerai.

— Merci, vous êtes bien bon, mais je vous gênerais.

— Oh ! ne craignez rien, puisqu'il faut que je cherche pour moi-même. Le pauvre enfant rentrait d'ordinaire exactement, continua le vieillard en s'avançant par les rues ; mais ce soir j'avais comme un pressentiment. Je l'attendais ; il était onze heures déjà ; ma femme apprit d'une voisine les malheurs de cette fête. J'ai attendu deux heures, espérant toujours qu'il rentrerait ; ne le voyant pas rentrer, j'ai pensé qu'il serait lâche à moi de dormir sans nouvelles.

— Ainsi nous allons vers les maisons? demanda le jeune homme.

— Oui, vous l'avez dit, la foule a dû se porter de ce côté et s'y est portée certainement. Ce sera là sans doute qu'aura couru le malheureux enfant! Un provincial tout ignorant, non-seulement des usages, mais des rues de la grande ville. Peut-être était-ce la première fois qu'il venait sur la place Louis XV.

— Hélas! ma sœur aussi est de province, Monsieur.

— Affreux spectacle! dit le vieillard

en se détournant d'un groupe de cadavres entassés.

— C'est pourtant là qu'il faut chercher, dit le jeune homme, approchant résolument sa lanterne de ce monceau de corps.

— Oh! je frissonne à regarder, car homme simple que je suis, la destruction me cause une horreur que je ne puis vaincre.

— J'avais cette même horreur; mais ce soir j'ai fait mon apprentissage. Tenez, voici un jeune homme de seize à dix-huit ans; il a été étouffé, car je ne lui vois pas de blessures. Est-ce celui que vous cherchez?

Le vieillard fit un effort et approcha sa lanterne.

— Non, monsieur, dit-il, vraiment, non; le mien est plus jeune; des cheveux noirs, un visage pâle.

— Hélas! ils sont tous pâles ce soir, répliqua Philippe.

— Oh! voyez, dit le vieillard; nous voilà au pied du Garde-Meuble. Voyez ces vestiges de la lutte. Ce sang sur les murailles, ces lambeaux sur les barres de fer, ces morceaux d'habits flottants aux lances des grilles, et puis, en vérité, on ne sait plus où marcher.

— C'était par ici, c'était par ici, bien certainement, murmura Philippe.

— Que de souffrances !

— Ah ! mon Dieu !

— Quoi ?

— Un lambeau blanc sous ces cadavres. Ma sœur avait une robe blanche. Prêtez-moi votre falot, Monsieur; je vous en supplie.

En effet, Philippe avait aperçu et saisi un lambeau d'étoffe blanche. Il le quitta n'ayant qu'une main pour prendre le falot.

— C'est un morceau de robe de femme que tient la main d'un jeune homme, s'écria-t-il, d'une robe blanche pareille à celle d'Andrée. — Oh! Andrée! Andrée!

Et le jeune homme poussa un sanglot déchirant.

Le vieillard s'approcha à son tour.

— C'est lui ! s'écria-t-il en ouvrant les bras.

Cette exclamation attira l'attention du jeune homme.

— Gilbert !... s'écria à son tour Philippe.

— Vous connaissez Gilbert, monsieur ?

— C'est Gilbert que vous cherchez ?

Ces deux exclamations se croisèrent simultanément.

Le vieillard saisit la main de Gilbert, elle était glacée.

Philippe ouvrit le gilet du jeune homme, écarta la chemise, et posa la main sur son cœur.

— Pauvre Gilbert! dit-il.

— Mon cher enfant! soupira le vieillard.

— Il respire! il vit!... il vit! vous dis-je! s'écria Philippe.

— Oh! croyez-vous?

— J'en suis sûr, son cœur bat.

— C'est vrai! répondit le vieillard. Au secours! au secours! il y a là-bas un chirurgien.

— Oh! secourons-le nous-mêmes, monsieur; tout-à-l'heure je lui ai demandé du secours et il m'a refusé.

— Il faudra bien qu'il soigne mon enfant! s'écria le vieillard exaspéré. Il le faudra. Aidez-moi, monsieur, aidez-moi à lui conduire Gilbert.

— Je n'ai qu'un bras, dit Philippe, il est à vous, monsieur.

— Et moi, tout vieux que je suis, je serai fort. Allons !

Le vieillard saisit Gilbert par les épaules ; le jeune homme passa les deux pieds sous son bras droit, et ils cheminèrent ainsi jusqu'au groupe que continuait de présider l'opérateur.

— Du secours ! du secours ! cria le vieillard.

— Les gens du peuple d'abord !

— Les gens du peuple, répondit le chirurgien, fidèle à sa maxime, et sûr qu'il était chaque fois qu'il répondait ainsi, d'exciter un murmure d'admiration dans le groupe qui l'entourait.

— C'est un homme du peuple que j'apporte, dit le vieillard avec feu, mais commençant à ressentir un peu de cette admiration générale que cet absolutisme du jeune chirurgien soulevait autour de lui.

— Alors, après les femmes, dit le chirurgien, les hommes ont plus de force que les femmes pour supporter la douleur.

—Une simple saignée, monsieur, dit le vieillard, une simple saignée suffira.

— Ah! c'est encore vous, monsieur le gentilhomme, dit le chirurgien, apercevant Philippe avant d'apercevoir le vieillard.

Philippe ne répondit rien. Le vieillard crut que ces paroles s'adressaient à lui.

— Je ne suis pas gentilhomme, dit-il, je suis homme du peuple ; je m'appelle Jean-Jacques Rousseau.

Le médecin poussa un cri de surprise, et faisant un signe impératif.

— Place, dit-il, place à l'homme de la nature ! Place à l'émancipateur de l'humanité ! Place au citoyen de Genève !

— Merci, monsieur, dit Rousseau, merci.

— Vous serait-il arrivé quelque accident, monsieur, demanda le jeune médecin.

— Non, mais à ce pauvre enfant, voyez !

— Ah ! vous aussi, s'écria le médecin, vous aussi, comme moi, vous représentez la cause de l'humanité.

Rousseau ému de ce triomphe inattendu, ne sut que balbutier quelques mots presque inintelligibles.

Philippe, saisi de stupéfaction de se trouver en face du philosophe qu'il admirait, se tint à l'écart.

On aida Rousseau à déposer Gilbert, toujours évanoui sur la table.

Ce fut en ce moment que Rousseau jeta un regard sur celui dont il invoquait le secours. C'était un jeune homme de l'âge de Gilbert à peu près, mais chez lequel aucun trait ne rappelait la jeunesse. Son teint jaune était flétri comme celui d'un vieillard, sa paupière flasque recouvrait un œil de serpent, et sa bouche était tordue, comme l'est dans ses accès la bouche d'un épileptique.

Les manches retroussées jusqu'au coude, les bras couverts de sang, entouré de tronçons humains, il semblait bien plutôt un bourreau à l'œuvre et enthousiaste de son métier, qu'un médecin accomplissant sa triste et sainte mission.

Cependant le nom de Rousseau avait eu cette influence sur lui qu'il sembla un instant renoncer à sa brutalité ordinaire ; il ouvrit doucement la manche de Gilbert, comprima le bras avec une bande de linge, et piqua la veine.

Le sang coula goutte à goutte d'abord, mais, après quelques secondes, ce sang pur et généreux de la jeunesse commença de jaillir.

— Allons, allons, on le sauvera, dit l'opérateur, mais il faudra de grands soins, la poitrine a été rudement froissée.

— Il me reste à vous remercier, monsieur, dit Rousseau, et à vous louer, non pas de l'exclusion que vous faites en faveur des pauvres, mais de votre dévoûment aux pauvres. Tous les hommes sont frères.

— Même les nobles, même les aristocrates, même les riches? demanda le chirurgien avec un regard qui fit briller son œil aigu sous sa lourde paupière.

— Même les nobles, même les aristocrates, même les riches, quand ils souffrent, dit Rousseau.

— Pardonnez, monsieur, dit l'opérateur; mais je suis né à Baudry, près de Neufchâtel; je suis Suisse comme vous, et par conséquent un peu démocrate.

— Un compatriote! s'écria Rousseau; un Suisse! Votre nom, s'il vous plait, monsieur, votre nom!

— Un nom obscur, monsieur; le nom d'un homme modeste qui voue sa vie à l'étude, en attendant qu'il puisse, comme vous, la vouer au bonheur de l'humanité : Je me nomme Jean-Paul Marat.

— Merci, monsieur Marat, dit Rousseau; mais tout en éclairant ce peuple sur ses droits, ne l'excitez pas à la vengeance, car, s'il se venge jamais, vous serez peut-être effrayé vous-même des représailles.

Marat sourit d'un affreux sourire.

— Ah! si ce jour vient de mon vivant, dit-il, si j'ai le bonheur de voir ce jour....

Rousseau entendit ces paroles, et, effrayé de l'accent avec lequel elles avaient été dites, comme un voyageur est effrayé des premiers grondements d'un tonnerre lointain, il prit Gilbert dans ses bras et essaya de l'emporter.

— Deux hommes de bonne volonté pour aider M. Rousseau; deux hommes du peuple, dit le chirurgien.

— Nous! nous! crièrent dix voix.

Rousseau n'eut qu'à choisir; il désigna deux vigoureux commissionnaires qui prirent l'enfant entre leurs bras.

En se retirant, il passa près de Philippe.

— Tenez, monsieur, dit-il, moi, je n'ai plus besoin de ma lanterne ; prenez-là.

— Merci, monsieur ; merci, dit Philippe.

Il saisit la lanterne, et, tandis que Rousseau reprenait le chemin de la rue Plastrière, il se remit à sa recherche.

— Pauvre jeune homme ! murmura Rousseau en se retournant et en le voyant disparaître dans les rues encombrées.

Et il continuait son chemin en frissonnant, car on entendait toujours vibrer au-dessus de ce champ de deuil la voix stridente du chirurgien qui criait :

— Les gens du peuple ! Rien que les gens du peuple ! Malheur aux nobles, aux riches et aux aristocrates.

IV

Le Retour.

Pendant que ces mille catastrophes se succédaient les unes aux autres. M. de Taverney échappait comme par miracle à tous les dangers.

Incapable de déployer une résistance

physique quelconque à cette force dévorante qui brisait tout ce qu'elle rencontrait. Mais, calme et habile, il avait su se maintenir au centre d'un groupe qui roulait vers la rue de la Madeleine.

Ce groupe, froissé aux parapets de la place, broyé aux angles du Garde-Meuble, laissait sur ses flancs une longue traînée de blessés et de morts, mais avait réussi, tout décimé qu'il était, à pousser son centre hors du péril.

Aussitôt la grappe d'hommes et de femmes s'était éparpillée sur le boule-

-vard, en plein air, en jetant des cris de joie.

M. de Taverney se trouva alors, comme tous ceux qui l'entouraient, tout-à-fait hors de danger.

Ce que nous allons dire serait chose difficile à croire, si nous n'avions pas dessiné depuis longtemps et d'une façon si franche le caractère du baron : pendant tout cet effroyable voyage, Dieu lui pardonne, mais M. de Taverney n'avait absolument songé qu'à lui.

Outre qu'il n'était pas d'une complexion fort tendre, le baron était homme d'action, et, dans les grandes crises de la vie, ces sortes de tempéraments mettent toujours en pratique cet adage de César : *age quod agis.*

Ne disons donc point que M. de Taverney avait été égoïste ; admettons seulement qu'il avait été distrait.

Mais, une fois sur le pavé des boulevards, une fois à l'aise dans ses mouvements, une fois échappé de la mort pour rentrer dans la vie, une fois sûr de lui-même, enfin, le baron poussa un grand cri de satisfaction, qui fut suivi d'un autre cri.

Ce dernier cri, plus faible que le premier, était cependant un cri de douleur.

— Ma fille! dit-il! ma fille!

Et il demeura immobile, laissant retomber ses mains contre son corps, les yeux fixes et atones, cherchant dans ses souvenirs tous les détails de cette séparation.

Pauvre cher homme! murmurèrent quelques femmes compatissantes.

Et il se fit un cercle autour du baron, cercle prêt à plaindre, mais surtout prêt à interroger.

M. de Taverney n'avait pas les instincts populaires. Il se trouva mal à l'aise au milieu de ce cercle de gens compatissants; il fit un effort pour le rompre, le rompit, et, disons-le à sa louange, fit quelques pas vers la place.

Mais ces quelques pas étaient le mouvement irréfléchi de l'amour paternel, lequel n'est jamais complètement éteint dans le cœur de l'homme. Le raisonnement vint à l'instant même à l'aide du baron et l'arrêta court.

Suivons, si on le veut, la marche de sa dialectique.

D'abord, l'impossibilité de remettre le pied sur la place Louis XV. Il y avait là-bas encombrement, massacre, et les flots arrivant de la place, il eût été aussi absurde de chercher à les fendre qu'il serait insensé au nageur de chercher à remonter la chute du Rhin à Schaffhouse.

En outre, quand même un bras divin l'eût replacé dans la foule, comment retrouver une femme parmi ces cent mille femmes? comment ne pas s'exposer de nouveau et pour rien à une mort miraculeusement évitée?

Puis venait l'espérance, cette lueur qui

dore toujours les franges de la plus sombre nuit.

Andrée n'était-elle pas près de Philippe, suspendue à son bras, sous la protection de l'homme et du frère !

Que lui, le baron, un vieillard faible et chancelant, ait été entraîné, rien de plus simple ; mais Philippe, cette nature ardente, vigoureuse, vivace ; Philippe, ce bras d'acier ; Philippe responsable de sa sœur, c'était impossible : Philippe avait lutté et devait avoir vaincu.

Le baron, comme tout égoïste, ornait

Philippe de toutes les qualités qu'exclut l'égoïsme pour lui-même, mais qu'il recherche dans les autres : ne pas être fort, généreux, vaillant, pour l'égoïste c'est être égoïste, c'est-à dire son rival, son adversaire, son ennemi; c'est lui voler des avantages qu'il croit avoir le droit de prélever sur la société.

M. de Taverney s'étant ainsi rassuré par la force de son propre raisonnement, conclut d'abord que Philippe avait tout naturellement dû sauver sa sœur ; qu'il avait perdu peut-être un peu de temps à chercher son père, pour le sauver à son tour ; mais que, vraisemblablement, certainement même, il avait repris le chemin de la rue Coq-Héron, pour ramener Andrée un peu étourdie de tout ce fracas.

Il fit donc volte-face, et, descendant la rue du couvent des Capucines, il gagna la place des Conquêtes ou Louis-le-Grand, appelée aujourd'hui la place des Victoires.

Mais à peine le baron était-il arrivé à vingt pas de l'hôtel, que Nicole, placée en sentinelle sur le seuil de la porte, où elle bavardait avec quelques commères, cria :

— Et monsieur Philippe! et mademoiselle Andrée! que sont-ils devenus?

Car tout Paris savait déjà des premiers fuyards la catastrophe exagérée encore par leur terreur.

— Oh! mon Dieu! s'écria le baron un peu ému, est-ce qu'ils ne sont pas rentrés, Nicole?

— Mais non, mais non, monsieur, on ne les a pas vus.

— Ils auront été forcés de faire un détour, répliqua le baron, tremblant de plus en plus, à mesure que se démolissaient les calculs de sa logique.

Le baron demeura donc dans la rue à attendre à son tour, avec Nicole qui gémissait, et La Brie qui levait les bras au ciel.

— Ah! voici monsieur Philippe, s'écria Nicole avec un accent de terreur impossible à décrire, car Philippe était seul.

En effet, dans l'ombre de la nuit accourait Philippe, haletant, désespéré.

— Ma sœur est-elle ici, cria-t-il du plus

loin qu'il aperçut le groupe qui encombrait le seuil de l'hôtel?

— Oh! mon Dieu! fit le baron pâle et trébuchant.

— Andrée! Andrée! cria le jeune homme en approchant de plus en plus; où est Andrée?

— Nous ne l'avons pas vue; elle n'est pas ici, monsieur Philippe. Oh! mon Dieu! mon Dieu! chère demoiselle, cria Nicole éclatant en sanglots.

— Et tu es revenu? dit le baron avec

une colère d'autant plus injuste, que nous avons fait assister le lecteur aux secrets de sa logique.

Philippe, pour toute réponse, s'approcha, montra son visage sanglant, et son bras brisé et pendant à son côté comme une branche morte.

— Hélas! hélas! soupira le vieillard, Andrée, ma pauvre Andrée!

Il retomba sur le banc de pierre adossé à la porte.

— Je la retrouverai morte ou vive! s'écria Philippe d'un air sombre.

Et il reprit sa course avec une fiévreuse activité; tout en courant, il arrangeait de son bras droit son bras gauche dans l'ouverture de sa veste. Ce bras inutile l'eût gêné pour rentrer dans la foule, et, s'il eût eu une hache, il se le fût abattu en ce moment.

Ce fut alors qu'il retrouva sur ce champ fatal des morts, que nous avons visité, Rousseau, Gilbert et le fatal opérateur qui, rouge de sang, semblait bien plutôt le démon infernal qui avait présidé au massacre que le génie bienfaisant qui venait y porter secours.

Philippe erra une partie de la nuit sur la place Louis XV. — Ne pouvant se détacher de ces murailles du Garde-Meuble, près duquel Gilbert avait été retrouvé, portant incessamment ses yeux sur ce lambeau de mousseline blanche que le jeune homme avait conservé, froissé dans sa main.

Enfin, au moment où les premières lueurs du jour blanchissaient l'Orient, Philippe, exténué, prêt à tomber lui-même au milieu de ces cadavres moins pâles que lui, saisi d'un vertige étrange, espérait à son tour, comme avait espéré son père, qu'Andrée serait revenue ou aurait été ramenée à la maison ; Philippe reprit le chemin de la rue Coq-Héron.

De loin il aperçut à la porte le même groupe qu'il y avait laissé.

Il comprit qu'Andrée n'avait point reparue et s'arrêta.

De son côté, le baron le reconnut.

— Eh bien? s'écria-t-il à Philippe.

— Quoi! ma sœur n'est point revenue? demanda celui-ci.

— Hélas! s'écrièrent ensemble le baron, Nicole et La Brie.

— Rien? aucune nouvelle? aucun renseignement? aucun espoir?

— Rien!

Philippe tomba sur le banc de pierre de l'hôtel ; le baron poussa une sauvage exclamation.

En ce moment même un fiacre apparut

au bout de la rue, s'approcha lourdement et s'arrêta en face de l'hôtel.

Une tête de femme apparaissait à travers la portière, renversée sur son épaule et comme évanouie. Philippe réveillé en sursaut à cette vue, bondit de ce côté.

La portière du fiacre s'ouvrit, et un homme en descendit portant Andrée inanimée entre ses bras.

— Morte! morte! — On nous la rapporte, s'écria Philippe en tombant à genoux.

— Morte, balbutia le baron. Oh! monsieur, est-elle véritablement morte!...

— Je ne crois pas, messieurs, répondit tranquillement l'homme qui portait Andrée, et mademoiselle de Taverney, je l'espère, n'est qu'évanouie.

— Oh! le sorcier, le sorcier! s'écria le baron.

— M. le comte de Balsamo, murmura Philippe.

— Moi-même, monsieur le baron, et assez heureux pour avoir reconnu mademoiselle de Taverney dans l'affreuse mêlée.

— Où cela? monsieur, demanda Philippe.

— Près du Garde-Meuble !

— Oui, dit Philippe. — Puis passant tout à coup de l'expression de la joie à un sombre défiance :

— Vous la ramenez bien tard, comte, dit-il.

— Monsieur, répondit Balsamo sans

s'étonner, vous comprendrez facilement mon embarras. J'ignorais l'adrese de mademoiselle votre sœur, et je l'avais fait transporter par mes gens chez madame la marquise de Savigny, l'une de mes amies, qui loge près des écuries du roi. Alors, ce brave garçon que vous voyez et qui m'aidait à soutenir mademoiselle... Venez, Comtois.

Balsamo accompagna ces dernières paroles d'un signe, et un homme à la livrée royale sortit du fiacre.

— Alors, continua Balsamo, ce brave garçon qui est dans les équipages royaux a reconnu mademoiselle pour l'avoir conduite un soir de la Muette à votre hôtel. Mademoiselle doit cette heureuse rencontre à sa merveilleuse beauté. Je l'ai fait monter avec moi dans le fiacre, et j'ai l'honneur de vous ramener avec tout le respect que je lui dois, mademoiselle de Taverney moins souffrante que vous ne le croyez.

Et il acheva en remettant avec les égards les plus respectueux, la jeune fille dans les bras de son père et de Nicole.

Le baron sentit pour la première fois

une larme au bord de sa paupière, et, tout étonné qu'il dût être intérieurement de cette sensibilité, il laissa franchement couler cette larme sur sa joue ridée. Philippe présenta la seule main qu'il eut libre à Balsamo.

— Monsieur, lui dit-il, vous savez mon adresse, vous savez mon nom. Mettez-moi, je vous prie, en demeure de reconnaître le service que vous venez de nous rendre.

— J'ai accompli un devoir, monsieur, répliqua Balsamo, ne vous devais-je pas l'hospitalité.

Et saluant aussitôt, il fit quelques pas pour s'éloigner, sans vouloir répondre à l'offre que lui faisait le baron d'entrer chez lui.

Mais se retournant :

— Pardon, dit-il, j'oubliais de vous donner l'adresse précise de madame la marquise de Savigny; elle a son hôtel rue Saint-Honoré, proche les Feuillans. Je vous dis cela au cas ou mademoiselle de Taverney croirait devoir lui rendre une visite.

Il y avait dans ces explications, dans

cette précision de détails, dans cette accumulation de preuves, une délicatesse qui toucha profondément Philippe et même le baron.

— Monsieur, dit le baron, ma fille vous doit la vie.

— Je le sais, monsieur, et j'en suis fier et heureux, répondit Balsamo.

Et cette fois, suivi de Comtois, qui refusa la bourse de Philippe, Balsamo remonta en fiacre et disparut.

Presque au même moment, et comme

si le départ de Balsamo eût fait cesser l'évanouissement de la jeune fille. Andrée ouvrit les yeux.

Cependant elle resta encore quelques instants muette, étourdie, les regards effarés.

— Mon Dieu! mon Dieu! murmura Philippe, Dieu ne nous l'aurait-il rendue qu'à moitié, serait-elle devenue folle!

Andrée sembla comprendre ces paroles et secoua la tête. Cependant, elle continuait de rester muette et comme sous l'empire d'une espèce d'extase.

Elle se tenait debout, et un de ses bras était étendu dans la direction de la rue par laquelle avait disparu Balsamo.

— Allons, allons, dit le baron, il est temps que tout cela finisse. Aide ta sœur à rentrer, Philippe.

Le jeune homme soutint Andrée de son bras valide. La jeune fille s'appuya de l'autre côté sur Nicole, et marchant, mais à la manière d'une personne endormie, elle rentra dans l'hôtel et regagna son pavillon.

Là seulement la parole lui revint.

— Philippe! Mon père! dit-elle.

— Elle nous reconnaît, elle nous reconnaît, s'écria Philippe.

— Sans doute, je vous reconnais; mais que s'est-il donc passé, mon Dieu?

Et Andrée referma ses yeux, cette fois-ci non point pour l'évanouissement, mais pour un sommeil calme et paisible.

Nicole, restée seule avec Andrée, la déshabilla et la mit au lit.

En rentrant chez lui, Philippe trouva

un médecin que le prévoyant La Brie avait couru chercher du moment où l'inquiétude avait cessée pour Andrée.

Le docteur examina le bras de Philippe. Il n'était point cassé, mais luxé seulement. Une pression habilement combinée fit rentrer l'épaule dans l'articulation dont elle était sortie.

Après quoi Philippe, encore inquiet pour sa sœur, conduisit le médecin près du lit d'Andrée.

Le docteur prit le pouls de la jeune fille, écouta sa respiration et sourit.

— Le sommeil de votre sœur est calme et pur comme celui d'un enfant, dit-il. Laissez-la dormir, chevalier, il n'y a rien autre chose à faire.

Quant au baron, suffisamment rassuré sur son fils et sur sa fille, il dormait depuis longtemps.

V

M. de Jussieu.

Si nous nous transportons encore une fois dans cette maison de la rue Plastrière, où M. de Sartines envoya son agent, nous y trouverons, le matin du 31 mai, Gilbert étendu sur un matelas dans la chambre même de Thérèse, et autour de lui Thérèse et Rousseau avec plusieurs de leurs voisins contemplant cet échantillon lugubre du grand évènement dont tout Paris frissonnait encore.

Gilbert, pâle, sanglant, avait ouvert les yeux, et, sitôt que la connaissance lui était venue, il avait cherché, en se soulevant, à voir autour de lui, comme s'il était encore sur la place Louis XV.

Une profonde inquiétude d'abord, puis une grande joie s'était peinte sur ses traits ; puis était venu un autre nuage de tristesse qui avait de nouveau effacé la joie.

— Souffrez-vous, mon ami? demanda Rousseau en lui prenant la main avec sollicitude.

— Oh! qui donc m'a sauvé? demanda Gilbert; qui donc a pensé à moi, pauvre isolé dans le monde?

— Ce qui vous a sauvé, mon enfant, c'est que vous n'étiez pas encore mort; celui qui a pensé à vous, c'est celui qui pense à tous.

— C'est égal, c'est bien imprudent, grommela Thérèse, d'aller se mêler à de pareilles foules.

— Oui, oui, c'est bien imprudent, répétèrent en cœur les voisins.

— Eh! mesdames, interrompit Rousseau, il n'y a pas d'imprudence là où il n'y a pas de danger patent, et il n'y a pas de danger patent à aller voir un feu d'artifice. Quand le danger arrive en ce cas, on n'est pas imprudent, on est malheureux : Mais nous, qui parlons, nous en eussions fait autant.

Gilbert regarda autour de lui, et, se voyant dans la chambre de Rousseau, il voulut parler.

Mais l'effort qu'il tenta fit monter le sang à sa bouche et à ses narines ; il perdit connaissance.

Rousseau avait été prévenu par le médecin de la place Louis XV, il ne s'effraya donc point ; il attendait ce dénoûment, et c'est pour cela qu'il avait fait placer son malade sur un matelas isolé et sans draps.

— Maintenant, dit-il à Thérèse, vous allez pouvoir coucher ce pauvre enfant.

— Où celà ?

— Mais ici, dans mon lit.

Gilbert avait entendu; l'extrême faiblesse l'empêchait seule de répondre tout de suite, mais il fit un violent effort, et, rouvrant les yeux :

— Non, dit-il avec effort, non ; là-haut!

— Vous voulez retourner dans votre chambre?

— Oui, oui, s'il vous plaît.

Et il acheva plutôt avec les yeux qu'avec la langue ce vœu dicté par un souvenir plus puissant que la souffrance, et qui semblait, dans son esprit, survivre même à la raison.

Rousseau, cet homme qui avait l'exagération de toutes les sensibilités, comprit sans doute, car il ajouta :

— C'est bien, mon enfant, nous vous transporterons là-haut. Il ne veut pas nous gêner, dit-il à Thérèse, qui approuva de toutes ses forces.

En conséquence, il fut décidé que Gilbert serait installé à l'instant même dans le grenier qu'il réclamait.

Vers le milieu du jour, Rousseau vint passer près du matelas de son disciple le temps qu'il perdait d'habitude à collectionner ses végétaux favoris; le jeune homme, un peu remis, lui donna d'une voix basse et presque éteinte les détails de la catastrophe.

Il ne raconta pas pourquoi il était allé voir le feu d'artifice; la simple curiosité, disait-il, l'avait conduit sur la place Louis XV.

Rousseau ne pouvait en soupçonner davantage, à moins d'être sorcier.

Il ne témoigna donc aucune surprise à Gilbert, se contenta des questions déjà faites, et lui recommanda seulement la plus grande patience. Il ne lui parla pas non plus du lambeau d'étoffe qu'on lui avait vu dans la main et dont Philippe s'était saisi.

Cependant cette conversation, qui pour tous deux côtoyait de si près l'intérêt réel et la vérité positive, n'en était pas moins attrayante, et ils s'y livraient l'un et l'autre tout entiers, quand tout à coup le pas de Thérèse retentit sur le palier.

— Jacques! dit-elle, Jacques!

— Eh bien! qu'y a-t-il?

— Quelque prince qui vient me voir à mon tour, dit Gilbert avec un pâle sourire.

— Jacques! cria Thérèse avançant et appelant toujours.

— Eh bien! voyons, que me veut-on?

Thérèse apparut.

— C'est M. de Jussieu qui est en bas,

dit-elle, et qui, ayant appris qu'on vous avait vu là-bas cette nuit, vient savoir si vous avez été blessé.

— Ce bon Jussieu, dit Rousseau; excellent homme, comme tous ceux qui se rapprochent par goût ou par nécessité de la nature, source de tout bien! Soyez calme, ne bougez pas, Gilbert, je reviens.

— Oui, merci, dit le jeune homme.
Rousseau sortit.

Mais à peine était-il dehors que Gilbert, se soulevant du mieux qu'il pût, se traîna vers la lucarne, d'où l'on découvrait la fenêtre d'Andrée.

Il était bien pénible, pour un jeune homme sans forces, presque sans idées, de se hisser sur le tabouret, de soulever le châssis de la lucarne, et de s'arcbouter sur l'arête du toit. — Gilbert y réussit pourtant; mais une fois là, ses yeux s'obscurcirent, sa main trembla, le sang revint à ses lèvres, et il tomba lourdement sur le carreau.

A ce moment, la porte du grenier se rouvrit, et Jean-Jacques entra, précé dant M. de Jussieu, auquel il faisait mille civilités.

— Prenez garde, mon cher savant, baissez-vous ici... il y a là un pas, disait Rousseau; dam! nous n'entrons pas dans un palais.

— Merci : j'ai de bons yeux, de bonnes jambes, répondit le savant botaniste.

— Voilà qu'on vient vous visiter, mon petit Gilbert, fit Rousseau en regardant du côté du lit. Ah! mon Dieu! où est-il? il s'est levé, le malheureux!

Et Rousseau, apercevant le châssis ouvert, allait s'emporter en paternelles gronderies.

Gilbert se souleva avec peine, et d'une voix presqu'éteinte :

— J'avais besoin d'air, dit-il.

Il n'y avait pas moyen de gronder, la souffrance était visible sur ce visage attéré.

En effet, interrompit M. de Jussieu, il fait horriblement chaud ici; voyons, jeune homme, voyons ce pouls, je suis médecin aussi, moi.

— Et meilleur que bien d'autres, dit Rousseau, car vous êtes aussi bon médecin de l'âme que du corps.

— Tant d'honneur..., dit Gilbert d'une voix faible en essayant de se dérober aux yeux dans son pauvre lit.

— M. de Jussieu a tenu à vous visiter, dit Rousseau; et moi j'ai accepté son offre; voyons, cher docteur, que dites-vous de cette poitrine ?

L'habile anatomiste palpa les os, interrogea la cavité par une auscultation attentive.

— Le fonds est bon, dit-il. Mais qui donc vous a pressé dans ses bras avec cette force ?

— Hélas ! monsieur, c'est la mort, dit Gilbert.

Rousseau regarda le jeune homme avec étonnement.

— Oh ! vous êtes froissé, mon enfant,

bien froissé ; mais des toniques, de l'air, du loisir, et tout cela disparaîtra.

— Pas de loisir.... je n'en puis prendre, dit Gilbert en regardant Rousseau.

— Que veut-il dire ? demanda M. de Jussieu.

— Gilbert est un résolu travailleur, cher monsieur, répondit Rousseau.

— D'accord, mais on ne travaille pas ces jours-ci.

— Pour vivre ! dit Gilbert, on travaille tous les jours, car tous les jours on vit.

— Oh! vous ne consommerez pas beaucoup de nourriture, et vos tisanes ne coûteront pas cher.

— Si peu qu'elles coûtent, monsieur, dit Gilbert, je ne reçois pas l'aumône.

— Vous êtes fou, dit Rousseau, et vous exagérez. Je vous dis, moi, que vous vous gouvernerez d'après les ordres de monsieur, car il sera votre médecin malgré vous. Croyez-vous, continua-t-il en s'adressant à M. de Jussieu, qu'il m'avait supplié de n'en pas appeler.

— Pourquoi?

— Parce que cela m'eût coûté de l'argent, et qu'il est fier.

— Mais, répliqua M. de Jussieu, qui considérait avec le plus vif intérêt cette tête expressive et fixe de Gilbert, si fier que l'on soit, on ne saurait faire plus que le possible... Vous croyez-vous en état de travailler, vous qui, pour avoir été à cette lucarne, êtes tombé en route?

— C'est vrai, murmura Gilbert, je suis faible, je le sais.

— Eh bien! alors, reposez-vous, surtout moralement. Vous êtes l'hôte d'un homme avec lequel tout le monde compte, excepté son hôte.

Rousseau, bien heureux de cette politesse délicate de ce grand seigneur, lui prit la main et la serra.

— Et puis, ajouta M. de Jussieu, vous allez devenir l'objet des sollicitudes paternelles du roi et des princes.

— Moi! s'écria Gilbert.

— Vous, pauvre victime de cette soirée. M. le dauphin, en apprenant la nouvelle, a jeté des cris déchirants. Madame la dauphine qui se préparait à partir pour Marly, reste à Trianon, afin d'être plus à portée de venir au secours des malheureux.

— Ah! vraiment? dit Rousseau.

— Oui, mon cher philosophe, et l'on ne parle ici que de la lettre écrite par le dauphin à M. de Sartines.

— Je ne la connais pas.

— C'est à la fois naïf et charmant. Le dauphin reçoit deux mille écus de pension par mois. Ce matin son mois n'arrivait pas. Le prince se promenait tout effaré, il demanda plusieurs fois le trésorier, et celui-ci ayant apporté l'argent, le prince l'envoya aussitôt à Paris avec ces deux lignes charmantes à M. de Sartines, qui me les a communiquées à l'instant.

— Ah! vous avez vu aujourd'hui M. de Sartines? dit Rousseau avec une espèce d'inquiétude ou plutôt de défiance.

— Oui, je le quitte, répliqua M. de

Jussieu un peu embarrassé; j'avais des graines à lui demander; en sorte, ajouta-t-il très vite, que madame la dauphine reste à Versailles pour soigner ses malades et ses blessés.

— Ses malades, ses blessés? dit Rousseau.

— Oui, M. Gilbert n'est pas le seul qui ait souffert, le peuple n'a payé cette fois qu'un impôt partiel à la catastrophe : il y a, dit-on, parmi les blessés, beaucoup de personnes nobles.

Gilbert écoutait avec une anxiété, une

avidité inexprimable; il lui semblait à tout moment que le nom d'Andrée allait sortir de la bouche de l'illustre naturaliste.

M. de Jussieu se leva.

— Voilà donc la consultation faite, dit Rousseau.

— Et désormais inutile sera notre science auprès de ce malade; de l'air, de l'exercice modéré... les bois... A propos... j'oubliais...

— Quoi donc?

— Je pousse dimanche prochain une reconnaissance de botaniste dans le bois de Marly, êtes-vous homme à m'accompagner, mon très illustre confrère?

— Oh! repartit Rousseau, dites votre admirateur indigne.

— Parbleu, voilà une belle occasion de promenade pour notre blessé;..... amenez-le.

— Si loin?

— C'est à deux pas; d'ailleurs mon carrosse me conduit à Bougival; je vous emmène... Nous montons par le Chemin-de-la-Princesse à Luciennes; nous gagnons de là Marly. A chaque instant des botanistes s'arrêtent, notre blessé portera nos pliants;... nous herboriserons tous deux, vous et moi, lui vivra.

— Que vous êtes un homme aimable, mon cher savant, dit Rousseau.

— Laissez faire, j'ai mon intérêt à cela; vous avez, je le sais, un grand travail préparé sur les mousses, et moi j'y vais un peu à tâtons : vous me guiderez.

— Oh! fit Rousseau, dont la satisfaction perça malgré lui.

— Là-haut, ajouta le botaniste, un petit déjeûner, de l'ombre, des fleurs superbes, c'est dit?

— A dimanche la charmante partie! C'est dit...

— Délicieuse, il me semble que j'ai quinze ans; je jouis d'avance de tout le bonheur que j'aurai, répondit Rousseau avec la satisfaction d'un enfant.

— Et vous, mon petit ami, affermissez vos jambes d'ici-là.

Gilbert balbutia une sorte de remerciment que M. de Jussieu n'entendit pas, les deux botanistes laissant Gilbert tout à ses pensées et surtout à ses craintes.

VI

La vie revient.

Cependant, tandis que Rousseau croyait avoir rassuré complètement son malade, et que Thérèse racontait à toutes ses voisines que, grâce aux prescriptions du savant médecin, M. de Jussieu, Gilbert était hors de tout danger; pendant cette période de confiance générale, le jeune homme courait au pire danger qu'il eût couru par son obstination et ses perpétuelles rêveries.

Rousseau ne pouvait être tellement confiant qu'il n'eût au fond de l'âme une défiance solidement étayée sur quelque raisonnement philosophique.

Sachant Gilbert amoureux, et l'ayant surpris en flagrant délit de rébellion aux ordonnances médicales, il avait jugé que Gilbert retomberait dans les mêmes fautes s'il avait trop de liberté.

Rousseau, donc, en bon père de famille, avait fermé plus soigneusement que jamais le cadenas du grenier de Gilbert, lui permettant *in petto* d'aller à la fenêtre, mais l'empêchant en réalité de passer la porte.

On ne peut exprimer ce que cette sollicitude, qui changeait son grenier en prison, inspira de colère et de projets à Gilbert.

Pour certains esprits, la contrainte est fécondante.

Gilbert ne songea plus qu'à Andrée,

qu'au bonheur de la voir et de surveiller, fût-ce de loin, les progrès de sa convalescence.

Mais Andrée n'apparaissait pas aux fenêtres du pavillon. Nicole seule, portant ses tisanes sur un plat de porcelaine, M. de Taverney arpentant le petit jardin et prisant avec fureur, comme pour éveiller ses esprits, voilà tout ce que voyait Gilbert, quand il interrogeait ardemment les profondeurs des chambres ou les épaisseurs des murs.

Cependant, tous ces détails le tranquillisaient un peu, car ces détails lui révélaient une maladie, mais non une mort.

— Là, se disait-il, derrière cette porte, ou derrière ce paravent, respire, soupire et souffre celle que j'aime avec idolâtrie ; celle qui, en se montrant, ferait couler la sueur de mon front et trembler mes membres ; celle qui tient mon existence rivée à son existence, et par qui je respire, parce qu'elle respire pour nous deux.

Et là-dessus, Gilbert penché hors de sa lucarne de façon à faire croire à la curieuse Chon qu'il s'en précipiterait vingt fois dans une heure, Gilbert prenait avec son œil exercé, la mesure des cloisons, des parquets, la profondeur du pavillon, et s'en construisait dans son cerveau un plan exact : là devait coucher M. de Taverney, là devait être l'office et la cuisine, là la chambre destinée à Philippe, là le cabinet occupé par Nicole, là enfin la chambre d'Andrée, le sanctuaire à la porte duquel il eût donné sa vie pour demeurer un jour à genoux.

Ce sanctuaire, d'après les idées de Gilbert, était une grande pièce du rez-de-chaussée, commandée par une antichambre et sur laquelle mordait une cloison vitrée, cabinet présumé où Nicole avait son lit, selon les arrangements de Gilbert.

— Oh! disait le fou dans ses accès de fureur envieuse, heureux les êtres qui marchent dans le jardin sur lequel plongent ma fenêtre et celles de l'escalier! heureux ces indifférents qui foulent le sable du parterre! Là, en effet, la nuit, on doit entendre se plaindre et soupirer mademoiselle Andrée.

Du désir à l'exécution, il y a loin; mais les imaginations riches rapprochent tout : elles ont un moyen pour cela. Dans l'impossible, elles trouvent le réel, elles savent jeter les ponts sur les fleuves et appliquer des échelles aux montagnes.

Gilbert, les premiers jours, ne fit que désirer.

Puis il réfléchit que ces heureux tant enviés étaient de simples mortels doués comme lui-même de jambes pour fouler le sol du jardin, et de bras pour ouvrir les portes. Il en vint à se représenter le bonheur qu'on éprouvait en se glissant furtivement dans cette maison défendue, en frôlant de son oreille les persiennes par lesquelles le bruit de l'intérieur filtrait.

Chez Gilbert, c'était trop peu d'avoir désiré, l'exécution devenait immédiate.

D'ailleurs, les forces revenaient avec rapidité. La jeunesse est féconde et riche. Au bout de trois jours, Gilbert, la fièvre aidant, se sentait aussi fort qu'il avait jamais été.

Il supputa que Rousseau l'ayant enfermé, une des plus grandes difficultés se trouvait vaincue, la difficulté d'entrer chez mademoiselle de Taverney par la porte.

En effet, la porte ouvrait sur la rue Coq-Héron. Gilbert enfermé rue Plâtrière ne pouvait aborder aucune rue, partant n'avait besoin d'aller ouvrir aucune porte.

Restaient les fenêtres.

Celle de son grenier donnait à pic sur quarante-huit pieds de mur.

A moins d'être ivre ou tout-à-fait fou, nul ne se fût risqué à descendre. Oh! ces portes sont de belles inventions néanmoins, se répétait-il en rongeant ses

poings, et M. Rousseau, un philosophe,
me les ferme!

— Arracher le cadenas! facile, oui,
mais plus d'espoir de rentrer dans la
maison hospitalière.

Se sauver de Luciennes, se sauver de
la rue Plâtrière, s'être sauvé de Taverney, toujours se sauver, c'était prendre
le chemin de n'oser plus regarder une
seul créature en face, sans craindre un
reproche d'ingratitude ou de légèreté.

— Non, M. Rousseau ne saura rien.

Et, accroupi sur sa lucarne, Gilbert
continuait :

— Avec mes jambes et mes mains, instrumens naturels à l'homme libre, je m'accrocherai aux tuiles, et, en suivant la gouttière, fort étroite, il est vrai, mais qui est droite, et, par conséquent, le plus court chemin d'un point à un autre, j'arriverai, si j'arrive, à la lucarne parallèle à la mienne.

« Or cette lucarne est celle de l'escalier.

« Si je n'arrive pas, je tombe dans le jardin, cela fait du bruit, on sort du pavillon, on me ramasse, on me reconnaît, je meurs beau, noble, poétique, on me plaint : c'est superbe !

« Si j'arrive, comme tout me le fait croire, je file sous la lucarne de l'escalier; je descends les étages pieds nus jusqu'au premier, lequel a sa fenêtre aussi sur le jardin, c'est-à-dire à quinze pieds du sol. Je saute.

« Hélas! plus de force, plus de souplesse!

« Il est vra qu'il y a un espalier pour m'aider...

« Oui, mais cet espalier aux grillages vermoulus se brisera, je dégringolerai, non plus tué, noble et poétique, mais blanchi de plâtre, déchiré, honteux et avec l'apparence d'un voleur de poires, c'est odieux à penser; M. de Taverney me fera fouetter par le concierge, ou tirer les oreilles par La Brie.

Non! j'ai ici vingt ficelles lesquelles unies font une corde, d'après cette définition de M. Rousseau : les fétus font la gerbe.

J'emprunte à madame Thérèse toutes les ficelles pour une nuit, j'y fais des nœuds, et une fois arrivé à ma bienheureuse fenêtre du premier étage, j'accroche la corde au petit balcon ou même au plomb et je glisse dans le jardin.

La gouttière inspectée, les ficelles détachées pour être mesurées, la hauteur prise avec l'œil, Gilbert se sentit fort et résolu.

Il tressa ses cordes de façon à faire, de toutes ces ficelles une corde solide; il essaya ses forces en se pendant à une solive du galetas, et heureux de voir qu'il n'avait vomi qu'une fois le sang au milieu de ses efforts, il se décida pour l'expédition nocturne.

Afin de mieux tromper M. Jacques et Thérèse, il contrefit le malade et garda le lit jusqu'à deux heures, moment où après son dîner, Rousseau partait pour la promenade et ne rentrait plus que le soir.

Gilbert annonça une envie de dormir qui durerait jusqu'au lendemain matin.

Rousseau répondit que, soupant le soir même en ville, il était heureux de voir Gilbert en des dispositions si rassurantes.

On se sépara sur ces affirmatives respectives.

Derrière Rousseau, Gilbert détacha

de nouveau ses ficelles et les tressa pour tout de bon cette fois.

Il tâtonna encore la gouttière et les tuiles ; puis se mit à guetter dans le jardin jusqu'au soir.

VII

Voyage aérien.

Gilbert était ainsi préparé à son débarquement dans le jardin ennemi, c'est ainsi qu'il qualifiait tacitement la maison de Taverney; et de sa lucarne il explorait le terrain avec l'attention profonde d'un habile stratégiste qui va livrer la bataille, lorsque dans cette maison si muette, si impassible, une scène se passa qui attira l'attention du philosophe.

Une pierre sauta par-dessus le mur du jardin et vint frapper en angle le mur de la maison.

Gilbert savait déjà qu'il n'y a point d'effet sans cause ; il se mit donc à chercher la cause ayant vu l'effet.

Mais Gilbert, quoiqu'en se penchant beaucoup, ne put apercevoir la personne qui de la rue avait lancé la pierre.

Seulement, et tout aussitôt, il comprit
que cette manœuvre se rattachait à l'é-
vènement qui venait d'arriver; seulement encore il vit s'ouvrir avec précaution l'un des contre-vents d'une pièce du
rez-de-chaussée, et, par l'entrebâille-
ment de ce volet, passa la tête éveillée
de Nicole.

A la vue de Nicole, Gilbert fit un plon-
geon dans sa mansarde, mais sans perdre un instant de vue l'alerte jeune fille.

Celle-ci, après avoir exploré du regard
toutes les fenêtres, et particulièrement
celles de la maison, Nicole, disons-nous,

sortit de sa demi-cachette et courut dans le jardin comme pour s'approcher de l'espalier, où quelques dentelles séchaient au soleil.

C'était sur le chemin de cet espalier qu'avait roulé la pierre que, non plus que Nicole, Gilbert ne perdait pas de l'œil. Gilbert la vit crosser d'un coup de pied cette pierre, qui pour le moment acquérait une si grande importance, la crosser encore devant elle et continuer enfin ce manége jusqu'à ce qu'elle fût au bord de la plate-bande sous l'espalier.

Là, Nicole leva les mains pour détacher ses dentelles, en laissa tomber une qu'elle ramassa longuement, et, en la ramassant, s'empara de la pierre.

Gilbert ne devinait rien encore; mais en voyant Nicole éplucher cette pierre, comme un gourmand fait d'une noix, et lui enlever une écorce de papier qu'elle avait, il comprit le degré d'importance réel que méritait l'aérolithe.

C'était, en effet, ni plus ni moins qu'un billet, que Nicole venait de trouver roulé autour de la pierre.

La rusée l'eût bien vite déplié, dévoré,

mis dans sa poche, et alors elle n'eut plus besoin de regarder rien à ses dentelles, les dentelles étaient sèches.

Gilbert, cependant, secouait la tête en se disant, avec cet égoïsme des hommes qui déprécient les femmes, que Nicole était bien réellement une nature vicieuse, et que lui, Gilbert, avait fait acte de morale et de saine politique en rompant si brusquement et si courageusement avec une fille qui recevait des billets par-dessus les murs.

Et en raisonnant ainsi, lui, Gilbert, qui venait de faire un si beau raisonnement sur les causes et les effets, il condamnait un effet dont peut-être il était la cause.

Nicole rentra, puis ressortit, et cette fois elle avait la main dans sa poche.

Elle en tira une clef; Gilbert la vit un instant briller entre ses doigts comme un éclair, puis aussitôt, cette clef, la jeune fille la glissa sous la petite porte du jardin, porte de jardinier située à l'autre extrémité du mur de la rue, parallèlement à la grande porte usitée.

— Bon! dit Gilbert, je comprends : un

billet et un rendez-vous. Nicole ne perd pas son temps. Nicole a donc un nouvel amant?

Et Gilbert fronça le sourcil avec le désappointement d'un homme qui a cru que sa perte devait causer un vide irréparable dans le cœur de la femme qu'il abandonnait, et qui, à son grand étonnement, voit ce vide parfaitement rempli.

— Voilà qui pourrait bien contrarier mes projets, continua Gilbert en cherchant une cause factice à sa mauvaise humeur. N'importe, reprit Gilbert après un autre moment de silence, je ne suis point fâché de connaître l'heureux mortel qui me succède dans les bonnes grâces de mademoiselle Nicole.

Mais Gilbert, à certains endroits, était un esprit parfaitement juste; il calcula aussitôt que la découverte qu'il venait de faire, et que l'on ignorait qu'il eût faite, lui donnait sur Nicole un avantage dont il pourrait profiter à l'occasion, puisqu'il savait le secret de Nicole avec les détails que celle-ci ne pouvait nier, tandis qu'elle soupçonnait à peine le sien, et qu'aucun détail ne venait donner un corps à ses soupçons.

Gilbert se promit donc de profiter de son avantage à l'occasion.

Pendant toutes ces allées et venues, cette nuit si impatiemment attendue arriva enfin.

Gilbert ne craignait plus qu'une chose, c'était la rentrée imprévue de Rousseau, Rousseau le surprenant sur le toit ou dans l'escalier, ou même encore Rousseau trouvant la chambre vide. Dans ce dernier cas, la colère du Genévois devait être terrible; Gilbert crut en détourner les coups à l'aide d'un billet qu'il laissa sur sa petite table, à l'adresse du philosophe.

Ce billet était conçu en ces termes :

« Mon cher et illustre protecteur,

» Ne concevez pas de moi une mauvaise opinion, si malgré vos recommandations, et même vos ordres, je me suis permis de sortir. Je ne puis tarder à rentrer, à moins qu'il ne m'arrive quelque accident pareil à celui qui m'est arrivé déjà ; mais au risque d'un accident pareil et même pire, il faut que je quitte ma chambre pour deux heures. »

— J'ignore ce que je dirai au retour, pensait Gilbert, mais au moins M. Rousseau ne sera pas inquiété, ni mis en colère.

La soirée fut sombre. — Il régnait une chaleur étouffante, comme c'est l'habitude pendant les premières chaleurs du printemps; aussi le ciel fut-il nuageux, et à huit heures et demie l'œil le plus exercé n'eût rien distingué au fond du gouffre noir qu'interrogeait les regards de Gilbert.

Ce fut alors seulement que le jeune homme s'aperçut qu'il respirait difficilement, que des sueurs subites envahissaient son front et sa poitrine, signes certains de faiblesse et d'atonie. La prudence lui conseillait de ne pas s'aventurer en cet état dans une expédition où toute la force, toute la sûreté des organes étaient nécessaires, non seulement pour le succès de l'entreprise, mais même pour la sûreté de l'individu; mais Gilbert n'écouta rien de ce que lui conseillait l'instinct physique.

La volonté morale avait parlé plus haut; ce fut elle, comme toujours, que le jeune homme suivit.

Le moment était venu; Gilbert roula son petit cordeau en douze cercles autour de son cou, commença, le cœur palpitant, à escalader sa lucarne, et s'empoignant fortement au chambranle de cette même lucarne il fit son premier pas dans la gouttière, vers la lucarne de droite, qui, comme nous l'avons dit, était celle de l'escalier et se trouvait séparée de l'autre par un intervalle d'environ deux toises.

Ainsi les pieds dans un conduit de plomb de huit pouces de large au plus, lequel conduit, bien que soutenu de distance en distance par des crampons de fer, cédait sous ses pas, à cause de la mollesse du plomb ; les mains appuyées sur les tuiles, auxquelles il ne fallait demander qu'un point d'appui pour l'équilibre, mais nullement un soutien en cas de chute, car les doigts n'avaient pas de prise : voilà quelle fut la position de Gilbert durant le trajet aérien, qui dura deux minutes, c'est-à-dire deux éternités.

Mais Gilbert ne voulait pas avoir peur, et telle était la puissance de volonté de ce jeune homme, qu'il n'eût pas peur. Il se souvenait d'avoir entendu dire à un équilibriste que pour marcher heureusement sur les chemins étroits il ne fallait pas regarder à ses pieds, mais à dix pas devant soi, et ne jamais songer à l'abîme qu'à la manière de l'aigle, c'est-à-dire avec la conviction qu'on est fait pour planer au-dessus. Gilbert, au reste, avait déjà mis en pratique ces préceptes dans plusieurs visites rendues à Nicole, à cette même Nicole, si hardie maintenant qu'elle se servait de clés et de portes au lieu de toits et de cheminées.

Il avait ainsi passé sur les écluses des moulins de Taverney et sur les poutres des toits dénudés d'un vieux hangar.

Il arriva donc au but, sans un seul frémissement, et une fois arrivé au but, se glissa tout fier dans son escalier.

Mais arrivé sur le palier, il s'arrêta court. Des voix retentissaient aux étages inférieurs : c'étaient celles de Thérèse et de certaines voisines qui s'entretenaient du génie de M. Rousseau, du mérite de ses livres et de l'harmonie de sa musique.

Ces voisines avaient lu la Nouvelle Héloïse et trouvaient ce livre graveleux, elles l'avouaient franchement. En réponse à cette critique, madame Thérèse leur faisait observer qu'elles ne comprenaient pas la partie philosophique de ce beau livre.

Ce à quoi les voisines n'avaient rien à répondre, si ce n'est de confesser leur incompétence en pareille matière.

Cette conversation transcendante avait lieu d'un palier à l'autre, et le feu de la discussion était moins ardent que celui des fourneaux, sur lesquels cuisait le souper odorant de ces dames.

Gilbert entendait donc raisonner les arguments et rissoler les viandes.

Son nom prononcé au milieu de ce tumulte, lui causa un frisson désagréable.

— Après mon souper, disait Thérèse, j'irai voir si ce cher enfant ne manque de rien dans sa mansarde.

Ce cher enfant lui fit moins de plaisir que la promesse de la visite lui fit de peur. Heureusement, il réfléchit que Thérèse, lorsqu'elle soupait seule, causait longuement avec sa *dive* bouteille; que le rôti semblait appétissant, que l'après-souper signifiait… à dix heures. Il n'en était pas huit trois-quarts. D'ailleurs, après souper, selon toute probabilité, le cours des idées de Thérèse aurait changé, et elle penserait à tout autre chose qu'au *cher enfant*.

Toutefois, le temps se perdait, au grand désespoir de Gilbert, lorsque tout-à-coup un des rôtis alliés brûla... Un cri de cuisinière alarmée retentit, cri d'effroi qui rompit toute conversation.

Chacun se précipita vers le théâtre de l'évènement.

Gilbert profita de la préoccupation culinaire de ces dames pour glisser comme un sylphe dans l'escalier.

Au premier étage, il trouva le plomb disposé pour recevoir sa corde, l'y fixa par un nœud coulant, monta sur la fenêtre et se mit lestement à descendre.

Il était suspendu entre ce plomb et la terre, quand un pas rapide retentit sous lui dans le jardin.

Il eut le temps de se retourner en se cramponnant aux nœuds, et de regarder quel était le malencontreux survenant.

C'était un homme.

Comme il venait du côté de la petite porte, Gilbert ne douta point un instant que ce ne fût l'heureux mortel attendu par Nicole.

Il concentra donc toute son attention sur cet autre intru qui venait l'arrêter au milieu de sa périlleuse descente. A sa marche, à un soupçon de profil esquissé sous le tricorne, à une façon particulière dont ce tricorne était posé sur le coin d'une oreille qui paraissait de son côté fort attentive. Gilbert crut reconnaître le fameux Beausire, cet exempt dont Nicole avait fait connaissance à Taverney.

Presque aussitôt il vit Nicole ouvrir la porte de son pavillon, s'élancer dans le jardin, en laissant cette porte ouverte, et, rapide comme une bergeronnette qui court, légère comme elle, se diriger vers la serre, c'est-à-dire du côté vers lequel s'acheminait déjà M. Beausire.

Ce n'était pas le premier rendez-vous de ce genre qui avait lieu, selon toute certitude, puisque ni l'un ni l'autre ne manifestait la moindre hésitation sur le lieu qui les réunissait.

— Maintenant, je puis achever ma descente, pensa Gilbert; car si Nicole a reçu son amant à cette heure, c'est qu'elle est sûre de son temps. Andrée est donc seule, mon Dieu! seule...

On n'entendait, en effet, aucun bruit, et l'on ne voyait qu'une faible lumière au rez-de-chaussée.

Gilbert, arrivé au sol sans accident aucun, ne voulut pas traverser diagonalement le jardin; il longea le mur, gagna un massif, le traversa en se courbant, et arriva sans avoir pu être deviné à la porte laissée ouverte par Nicole.

De là, abrité par un immense aristoloche qui grimpait jusqu'au-dessus de la porte et la festonnait amplement, il observa que la première pièce, antichambre assez spacieuse, ainsi qu'il l'avait deviné, était parfaitement vide.

Cette antichambre donnait entrée à l'intérieur par deux portes, l'une fermée, l'autre ouverte; Gilbert devina que la porte ouverte était celle de la chambre de Nicole.

Il pénétra lentement dans cette chambre, en étendant les mains devant lui de peur d'accident, car cette chambre était privée de toute lumière.

Cependant, au bout d'une espèce de corridor, on voyait une porte vitrée dessiner sur la lumière de la pièce voisine les traverses qui enfermaient ces vitres; de l'autre côté de ces vitres, un rideau de mousseline flottait.

En s'avançant dans le corridor, Gilbert entendit une faible voix dans la pièce éclairée.

C'était la voix d'Andrée; tout le sang de Gilbert reflua vers son cœur.

Une autre voix répondait à celle-là, c'était celle de Philippe.

Le jeune homme s'informait avec sollicitude de la santé de sa sœur.

Gilbert, en garde, fit quelques pas, et se plaça derrière une de ces demi-colonnes surmontées d'un buste quelconque, qui formaient à cette époque la décoration des portes doubles en profondeur.

Ainsi en sûreté, il écouta et regarda, si heureux, que son cœur se fondait de joie ; si épouvanté, que ce même cœur se rétrécissait au point de n'être plus qu'un point dans sa poitrine.

Il écoutait et voyait.

VIII

Le frère et la sœur.

Gilbert entendait et voyait, avons-nous dit.

Il voyait Andrée couchée sur sa chaise longue, le visage tourné vers la porte vitrée, c'est-à-dire tout-à-fait en face de lui. Cette porte était légèrement entrebâillée.

Une petite lampe à large abattoir, placée sur une table voisine chargée de livres, indiquant la seule distraction à laquelle pouvait se livrer la belle malade, éclairait le bas seulement du visage de mademoiselle de Taverney.

Quelquefois, cependant, lorsqu'elle se renversait en arrière, de façon à être adossée à l'oreiller de la chaise longue, la clarté envahissait son front si blanc et si pur sous la dentelle.

Philippe, assis sur le pied même de la chaise longue, tournait le dos à Gilbert; son bras était toujours en écharpe, et tout mouvement était défendu à ce bras.

C'était la première fois qu'Andrée se levait; c'était la première fois que Philippe sortait.

Les deux jeunes gens ne s'étaient donc pas revus depuis la terrible nuit; seulement, chacun des deux avait su que l'autre allait de mieux en mieux et marchait à sa convalescence.

Tous deux, réunis depuis quelques minutes à peine, causaient donc librement, car ils savaient qu'ils étaient seuls, et que, s'il venait quelqu'un, ils seraient prévenus de l'approche de ce quelqu'un par le bruit de la sonnette placée à cette porte, que Nicole avait laissée ouverte.

Mais tout naturellement ils ignoraient cette circonstance de la porte laissée ouverte, et comptaient sur la sonnette.

Gilbert voyait donc et entendait donc, comme nous avons dit, car, par cette porte ouverte, il pouvait saisir chaque mot de la conversation.

— De sorte, disait Philippe, au moment où Gilbert s'établissait derrière un rideau flottant à la porte d'un cabinet de toilette, de sorte que tu respires plus librement, pauvre sœur?

— Oui, plus librement, mais toujours avec une légère douleur.

— Et les forces?

— Elles sont loin d'être revenues; cependant, deux ou trois fois aujourd'hui, j'ai pu aller jusqu'à la fenêtre. La bonne chose que l'air! la belle chose que les fleurs! Il me semble qu'avec de l'air et des fleurs on ne peut pas mourir.

— Mais avec tout cela, vous vous sentez encore bien faible ; n'est-ce pas Andrée ?

— Oh! oui, car la secousse a été terrible! Aussi, je vous le répète, continua la jeune fille en souriant et en secouant la tête, je marche bien difficilement en m'appuyant aux meubles et aux lambris; sans soutiens, mes jambes plient, il me semble toujours que je vais tomber.

— Allons, allons, courage, Andrée; ce bon air et ces belles fleurs, dont vous parliez tout à l'heure, vous remettront ; et, dans huit jours, vous serez capable de rendre visite à madame la Dauphine, qui s'informe si bienveillamment de vous, m'a-t-on dit.

— Oui, je l'espère, Philippe ; car madame la Dauphine, en effet, paraît bonne pour moi.

Et Andrée, se renversant en arrière, appuya sa main sur sa poitrine et ferma ses beaux yeux.

Gilbert fit un pas en avant, les bras étendus.

— Vous souffrez, ma sœur ? demanda Philippe en lui prenant la main.

— Oui, des spasmes, et puis parfois, le sang me monte aux tempes et les assiège ; quelquefois aussi j'ai des éblouissements, et le cœur me manque.

— Oh ! dit Philippe rêveur, ce n'est pas étonnant ; vous avez subi une si terrible épreuve, et avez été sauvée si miraculeusement.

— Miraculeusement, c'est le mot, mon frère.

— Mais, à propos de ce salut miraculeux, Andrée, continua Philippe en se rapprochant de sa sœur pour donner plus d'importance à la question, savez-vous que je n'ai encore pu causer avec vous de cette catastrophe?

Andrée rougit et sembla éprouver un malaise.

Philippe ne remarqua point ou ne parut point remarquer cette rougeur.

— Je croyais cependant, dit la jeune fille, que mon retour avait été accompagné de tous les éclaircissements que vous pouviez désirer; mon père, lui, m'a dit avoir été très satisfait.

— Sans doute, chère Andrée; et cet homme a mis une délicatesse extrême dans toute cette affaire, à ce qu'il m'a semblé du moins ; cependant plusieurs points de son récit m'ont paru, non pas suspects, mais obscurs, c'est le mot.

— Comment cela, et que voulez-vous dire, mon frère? demanda Andrée avec une candeur toute virginale.

— Oui, sans doute.

— Expliquez-vous.

— Ainsi, par exemple, poursuivit Philippe, il y a un point que je n'avais pas d'abord examiné, et qui, depuis, s'est présenté à moi très étrange.

— Lequel? demanda Andrée.

— C'est, dit Philippe, la façon même dont vous avez été sauvée. Racontez-moi cela, Andrée.

La jeune fille parut faire un effort sur elle-même.

— Oh! Philippe, dit-elle, j'ai presque oublié, tant j'ai eu peur.

— N'importe ! ma bonne Andrée, dis-moi tout ce dont tu te souviens.

— Mon Dieu ! vous le savez, mon frère, nous fûmes séparés à vingt pas à peu près du Garde-Meuble. Je vous vis entraîner vers le jardin des Tuileries, tandis que j'étais entraînée, moi, vers la rue Royale. Un instant je pus vous distinguer encore, faisant d'inutiles efforts pour me rejoindre. Je vous tendais les bras, je criais Philippe ! Philippe ! quand tout à coup je fus enveloppée comme par un tourbillon ; soulevée, emportée du côté des grilles, je sentais le flot qui m'entraînait vers la muraille, où il allait se briser; j'entendais les cris de ceux qu'on broyait contre ces grilles; je comprenais que mon tour allait arriver d'être écrasée, anéantie; je pouvais presque calculer le nombre de secondes que j'avais encore à vivre, quand, à demi morte, à demi folle, en levant les bras et les yeux au ciel, dans une dernière prière, je vis briller le regard d'un homme qui dominait toute cette foule, comme si cette foule lui obéissait.

— Et cet homme était le comte Joseph Balsamo, n'est-ce pas?

— Oui, le même que j'avais déjà vu à Taverney; le même qui là-bas m'avait déjà frappé d'une si étrange terreur ; cet homme enfin qui semble cacher en lui quelque chose de surnaturel ; cet homme qui a fasciné mes yeux avec ses yeux, mon oreille avec sa voix ; cet homme, qui a fait frissonner tout mon être avec le seul contact de son doigt sur mon épaule.

— Continuez, continuez, Andrée, dit Philippe en assombrissant son visage et sa voix.

— Eh bien ! cet homme m'apparut planant sur cette catastrophe, comme si les douleurs humaines ne pouvaient l'atteindre. Je lus dans ses yeux qu'il voulait me sauver, qu'il le pouvait ; alors, quelque chose d'extraordinaire se passa en moi et autour de moi ; toute brisée, toute impuissante, toute morte que j'étais déjà, je me sentis soulevée au devant de cet homme, comme si quelque force inconnue, mystérieuse, invincible, m'enlevait jusqu'à lui ; je sentais comme des bras qui se raidissaient pour me pousser hors de ce gouffre de chair pétrie où râlaient tant de malheureux, et me rendre à l'air, à la vie. Oh ! vois-tu, Philippe, continua Andrée avec une espèce d'exaltation, c'était, j'en suis sûre, le regard de cet homme qui m'attirait ainsi. J'atteignis sa main, et je fus sauvée.

— Hélas! murmura Gilbert, elle n'a vu que lui, et moi, moi qui mourais à ses pieds, elle ne m'a pas vu!

Il essuya son front ruisselant de sueur.

— Voilà donc comment la chose s'est passée? demanda Philippe.

— Oui, jusqu'au moment où je me sentis hors de danger; alors, soit que toute ma vie se soit concentrée dans ce dernier effort que j'avais fait, soit qu'effectivement la terreur que j'avais ressentie dépassât la mesure de mes forces, je m'évanouis.

— Et à quelle heure pensez-vous que cet évanouissement eut lieu?

— Dix minutes après vous avoir quitté, mon frère.

— C'est cela, poursuivit Philippe, il était minuit à peu près. Comment alors n'êtes-vous revenue ici qu'à trois heures? Pardonnez-moi un interrogatoire qui peut vous paraître ridicule, chère Andrée, mais qui pour moi a sa raison.

— Merci, Philippe, dit Andrée en serrant la main de son frère, merci. Il y a trois jours, je n'eusse pas encore pu vous répondre, mais aujourd'hui, cela va vous paraître étrange ce que je vous dis aujourd'hui, ma vue intérieure est plus forte, il me semble qu'une volonté qui commande à la mienne me dit de me souvenir, et je me souviens.

— Dites alors, dites, chère Andrée, car j'attends avec impatience. Cet homme vous enleva donc dans ses bras?

— Dans ses bras? dit Andrée en rougissant, je ne me rappelle pas bien. Tout ce que je sais, c'est qu'il me tira de la foule; mais le toucher de sa main me causa le même effet qu'à Taverney, et à peine m'eut-il touchée, que je m'évanouis de nouveau, ou plutôt je me rendormis, car l'évanouissement a des préludes douloureux, et cette fois je ne ressentis que les bienfaisantes impressions du sommeil.

— En vérité, Andrée, tout ce que vous me dites là me semble si étrange, que si c'était un autre que vous qui me racontât de pareilles choses, je n'y croirais point. N'importe, achevez, continua-t-il avec une voix plus altérée qu'il ne voulait le laisser paraître.

— Quant à Gilbert, il dévorait chaque

parole d'Andrée, lui qui savait que, jusque-là du moins, chaque parole était vraie.

— Je repris mes sens, continua la jeune fille, et je me réveillai dans un salon richement meublé. Une femme de chambre et une dame étaient à mes côtés, mais ne paraissaient nullement inquiètes, car à mon réveil je vis des figures bienveillamment souriantes.

— Savez-vous quelle heure il était, Andrée ?

— La demie sonnait après minuit.

— Oh! fit le jeune homme en respirant librement, c'est bien, continuez, Andrée, continuez.

— Je remerciai les femmes des soins qu'elles me prodiguaient; mais, sachant votre inquiétude, je les priai de me faire reconduire à l'instant même; elles me dirent alors que le comte était retourné sur le théâtre de la catastrophe pour porter de nouveaux secours aux blessés, mais qu'il allait revenir avec une voiture, et qu'il me reconduirait lui-même à votre hôtel. En effet, vers deux heures, j'entendis rouler une voiture dans la rue, puis un frémissement pareil à ceux que j'avais déjà éprouvés à l'approche de cet homme me reprit ; je tombai vacillante, étourdie sur un sofa ; la porte s'ouvrit, je pus, au milieu de mon évanouissement, reconnaître encore celui qui m'avait sauvée, puis je perdis connaissance une seconde fois.

C'est alors qu'on m'aura descendue, mise dans le fiacre et ramenée ici. Voilà tout ce dont je me souviens, mon frère.

Philippe calcula le temps, et vit que sa sœur avait dû être conduite directement de la rue des Écuries-du-Louvre à la rue Coq-Héron, comme elle avait été conduite de la place Louis XV à la rue des

Écuries-du-Louvre ; et, lui serrant cordialement la main, il lui dit d'un son de voix libre et joyeux :

— Merci, chère sœur, merci ; tous ces calculs correspondent au mien. Je me présenterai chez la marquise de Saverny et je la remercierai moi-même. Maintenant, un dernier mot d'un intérêt secondaire.

— Dites.

— Vous rappelez-vous avoir vu, au milieu de la catastrophe, quelque figure de connaissance ?

— Moi ? non.

—Celle du petit Gilbert, par exemple ?

— En effet, dit Andrée, en s'efforçant de rappeler ses souvenirs; oui, au moment où nous fûmes séparés il était à dix pas de moi.

— Elle m'avait vu, murmura Gilbert.

— C'est qu'en vous cherchant, Andrée, j'ai retrouvé le pauvre enfant.

— Parmi les morts ? demanda Andrée avec cette nuance bien accentuée d'intérêt que les grands ont pour leur subalterne.

— Non, il était blessé seulement; on l'a sauvé, et j'espère qu'il en réchappera.

— Oh! tant mieux, dit Andrée; et qu'avait-il?

— La poitrine écrasée.

— Oui, oui, contre la tienne, Andrée, murmura Gilbert.

— Mais, continua Philippe, ce qu'il y

a d'étrange, et ce qui fait que je vous parle de cet enfant, c'est que j'ai retrouvé dans sa main, raidie par la souffrance, un morceau de votre robe.

— Tiens, c'est étrange, en effet.

— Ne l'avez-vous pas vu au dernier moment?

— Au dernier moment, Philippe, j'ai vu tant de figures effrayantes de terreur et de souffrance, d'égoïsme, d'amour, de pitié, de cupidité, de cynisme, qu'il me semble avoir habité une année en enfer; parmi toutes ces figures, qui m'ont fait l'effet d'une revue que je passais de tous les damnés, il se peut que j'aie vu celle de ce petit bonhomme, mais je ne me le rappelle point.

— Cependant, ce morceau d'étoffe arraché à votre robe, et c'était bien à votre robe, chère Andrée, puisque j'ai vérifié le fait avec Nicole.

— En disant à cette fille pour quelle cause vous l'interrogiez? demanda Andrée, car elle se rappelait cette singulière explication qu'elle avait eue à Taverney avec sa femme de chambre, à propos de ce même Gilbert.

— Oh! non. Enfin ce morceau était bien dans sa main, comment expliquez-vous cela?

— Mon Dieu, rien de plus facile, dit Andrée avec une tranquillité qui faisait un indicible contraste avec l'effroyable battement du cœur de Gilbert, s'il était près de moi au moment où je me suis sentie soulevée, pour ainsi dire, par le regard de cet homme, il se sera accroché à moi pour profiter en même temps que moi du secours qui m'arrivait, pareil en cela au noyé qui se cramponne à la ceinture du nageur.

— Oh! fit Gilbert avec un sombre mépris pour cette pensée de la jeune fille; oh! l'ignoble interprétation de mon dévoûment! comme ces gens de noblesse nous jugent, nous autres gens du peuple; oh! M. Rousseau a bien raison, nous valons mieux qu'eux; notre cœur est plus pur et notre bras plus fort.

Et comme il faisait un mouvement pour reprendre la conversation d'Andrée et de son frère, un moment écartée par cet *à parte,* il entendit un bruit derrière lui.

— Mon Dieu! murmura-t-il, quelqu'un dans l'antichambre.

Et Gilbert entendant les pas se rapprocher du corridor, s'enfonça dans le cabinet de toilette, laissant retomber la portière devant lui.

— Eh bien ! cette folle de Nicole n'est donc point là ? dit la voix du baron de Taverney qui, effleurant Gilbert avec les basques de son habit, entra chez sa fille.

— Elle est sans doute au jardin, dit Andrée avec une tranquillité qui prouvait qu'elle n'avait aucun soupçon de la présence d'un tiers : bonsoir, mon père.

Philippe se leva respectueusement ; le baron lui fit signe de rester où il était, et, prenant un fauteuil, il s'assit auprès de ses enfants.

— Ah ! mes enfants, dit le baron, il y a bien loin de la rue Coq-Héron à Versailles, lorsqu'au lieu de s'y rendre dans une bonne voiture de la cour, on n'a qu'une patache traînée par un cheval, enfin, j'ai vu madame la Dauphine, toujours.

— Ah ! fit Andrée, vous arrivez donc de Versailles, mon père ?

— Oui, la princesse avait eu la bonté

de me faire mander, ayant su l'accident arrivé à ma fille.

— Andrée va beaucoup mieux, mon père, dit Philippe.

— Je le sais bien, et je l'ai dit à Son Altesse Royale, qui m'a bien voulu promettre qu'aussitôt l'entier rétablissement de ta sœur, elle l'appellerait près d'elle au Petit-Trianon, qu'elle a choisi décidément pour résidence, et qu'elle s'occupe à faire disposer à son goût.

— Moi! moi! à la cour, dit Andrée timidement.

— Ce ne sera pas la cour, ma fille; madame la Dauphine a des goûts sédentaires; M. le Dauphin lui-même déteste l'éclat et le bruit; on vivra en famille à Trianon; seulement de l'humeur que je connais à Son Altesse madame la Dauphine, ces petites assemblées de famille pourraient bien finir par être mieux que des lits de justice ou des états généraux. La princesse a du caractère et M. le Dauphin est profond, à ce qu'on dit.

— Oh! ce sera toujours la cour, ne vous y trompez pas, ma sœur, dit Philippe tristement.

— La cour, se dit Gilbert avec une rage et un désespoir concentrés; la cour, c'est-à-dire un sommet où je ne puis atteindre; un abîme où je ne puis me précipiter; plus d'Andrée! perdue pour moi, perdue!

— Nous n'avons, répliqua Andrée à son père, ni la fortune qui permet d'habiter ce séjour, ni l'éducation qui est nécessaire à celui qui l'habite. Moi, pauvre fille, que ferais-je au milieu de ces dames si brillantes dont j'ai entrevu une seule fois la splendeur qui éblouit; dont j'ai jugé l'esprit si futile, mais si étincelant? Hélas! mon frère, que nous sommes obscurs pour aller au milieu de toutes ces lumières !...

Le baron fronça le sourcil.

— Encore ces sottises, dit-il, je ne comprends vraiment pas le soin que prennent toujours les miens de rabaisser tout ce qui vient de moi ou qui me touche. Obscurs! en vérité vous êtes folle, mademoiselle; obscure! une Taverney-Maison-Rouge, obscure! Et qui brillera, je vous prie, si ce n'est vous?... La fortune... Pardieu, les fortunes de cour, on sait ce que c'est; le soleil de la couronne les pompe, le soleil les fait refleurir; c'est le grand va-et-vient de la nature. Je me suis ruiné, c'est bien : je redeviendrai riche, voilà tout, Le roi n'a-t-il plus d'argent à offrir à ses serviteurs? et croyez-vous que je rougirai d'un régiment qu'on donnera au fils aîné de ma race; d'une dot qu'on vous donnera, Andrée; d'un apanage qu'on me rendra à moi, ou d'un beau contrat de rentes que je trouverai sous ma serviette, en dînant au petit couvert?... Non, non, les sots ont des préjugés. Je n'en ai pas... D'ailleurs, c'est mon bien, je le reprends; ne vous faites donc pas de scrupules. Il reste un dernier point à débattre, votre éducation, dont vous parliez tout-à-l'heure. Mais, mademoiselle, souvenez-vous que nulle fille de cour n'est élevée comme vous ; il y a plus, vous avez, à côté de l'éducation des jeunes filles de noblesse, l'instruction solide des filles de robe ou de finance ; vous êtes musicienne, vous dessinez des paysages avec des moutons et des vaches, que Berghem ne renierait pas ; or, madame la Dauphine raffole des moutons, des vaches et de Berghem. Il y a de la beauté chez vous, le roi ne manquera pas de s'en apercevoir. Il y a de la conversation, ce sera pour M. le comte d'Artois ou M. de Provence ; vous serez donc non-seulement bien vue.... mais adorée. Oui, oui, fit le baron en riant et en se frottant les mains avec une accentuation de rire si étrange que Philippe regarda son père, ne croyant pas que le rire partît d'une bouche humaine.

— Adorée ! j'ai dit le mot.

Andrée baissa les yeux, et Philippe, lui prenant la main :

— M. le baron a raison, dit-il, vous êtes bien tout ce qu'il dit, Andrée ; nulle ne sera plus digne que vous d'entrer à Versailles.

— Mais je serai séparée de vous, répliqua Andrée.

— Pas du tout, pas du tout, interrompit le baron ; Versailles est grand, ma chère.

— Oui, mais Trianon est petit, riposta Andrée, fière et peu maniable lorsqu'on s'obstinait avec elle.

— Trianon sera toujours assez grand pour fournir une chambre à M. de Taverney ; un homme comme moi se loge toujours, ajouta-t-il avec une modestie qui signifiait : Sait toujours se loger.

—Andrée, peu rassurée par cette proximité de son père, se tourna vers Philippe.

— Ma sœur, dit celui-ci, vous ne ferez sans doute pas partie de ce qu'on appelle la cour. Au lieu de vous mettre dans un couvent où elle paierait votre dot, madame la Dauphine, qui a bien voulu vous distinguer, vous tiendra près d'elle avec un emploi quelconque. Aujourd'hui l'étiquette n'est pas impitoyable comme au temps de Louis XIV, il y a fusion et divisibilité dans les charges ; vous pourrez servir à la Dauphine de lectrice, ou de dame de compagnie; elle dessinera avec vous, elle vous tiendra toujours près d'elle; on ne vous verra jamais, c'est possible, mais vous ne relèverez pas moins de sa protection immédiate, et comme telle, vous inspirerez beaucoup d'envie. Voilà ce que vous craignez, n'est-ce pas ?

— Oui, mon frère.

— A la bonne heure, dit le baron, mais nous ne nous affligeons pas pour si peu qu'un ou deux envieux.... Rétablissez-vous donc bien vite, Andrée, et j'aurai le plaisir de vous conduire à Trianon moi-même. — C'est l'ordre de Madame la Dauphine.

— C'est bien, j'irai, mon père.

— A propos, continua le baron, vous êtes en argent, Philippe?

— Si vous en avez besoin, Monsieur, répliqua le jeune homme, je n'en aurais pas assez pour vous en offrir; mais, si vous me faites une offre, au contraire, je puis vous répondre qu'il m'en reste assez pour moi.

— C'est vrai, tu es philosophe toi, dit le baron en ricanant. Et toi, Andrée, es-tu philosophe aussi, et ne demandes-tu rien, ou as-tu besoin de quelque chose ?

— Je craindrais de vous gêner, mon père.

— Oh ! nous ne sommes plus à Taverney, ici. Le roi m'a fait remettre cinq cents louis... à compte, a dit Sa Majesté. Songe à tes toilettes, Andrée.

— Merci mon père, répliqua la jeune fille joyeuse.

— Là, là, dit le baron, voilà les extrêmes... Tout à l'heure, elle ne voulait rien, maintenant elle ruinerait un empereur de la Chine. Oh! mais n'importe, demande; les belles robes t'iront bien, Andrée.

Là-dessus, et après un baiser très tendre, le baron ouvrit la porte d'une chambre qui séparait la sienne de celle de sa fille, et disparut en disant :

—Cette damnée Nicole, qui n'est point là pour m'éclairer !

— Voulez-vous que je la sonne, mon père?

— Non, j'ai La Brie qui dort sur quelque fauteuil; bonsoir mes enfants.

Philippe s'était levé de son côté.

— Bonsoir aussi, mon frère, fit Andrée, je suis brisée de fatigue. Voilà la première fois que je parle autant depuis mon accident. Bonsoir, cher Philippe.

Et elle donna sa main au jeune homme, qui la baisa fraternellement, mais en mêlant à cette fraternité une sorte de respect qu'il avait toujours eu pour sa sœur, et qui partit en effleurant dans le corridor la portière derrière laquelle était caché Gilbert.

— Voulez-vous que j'appelle Nicole? dit-il à son tour en s'éloignant.

— Non, non, cria Andrée; je me déférai seule, adieu Philippe.

IX

Ce qu'avait prévu Gilbert.

Andrée, restée seule, se souleva sur sa chaise, et un frisson passa dans tout le corps de Gilbert.

La jeune fille était debout; de ses mains blanches comme l'albâtre, elle détachait une à une les épingles de sa coiffure, tandis que le léger peignoir qui la couvrait glissant de ses épaules, découvrait son col si pur et si gracieux, sa poitrine encore palpitante, et ses bras qui, nonchalamment arrondis sur sa tête, forçaient la cambrure de ses reins au profit d'une gorge exquise frémissant sous la batiste.

Gilbert, à genoux, haletant, ivre, sentait le sang battre furieusement son front et son cœur. Des flots embrâsés circulaient dans ses artères, un nuage de flamme descendait sur sa vue, un murmure inconnu et fébrile bourdonnait à

ses oreilles; il touchait à ce moment d'é-
garement farouche qui précipite les
hommes dans le goufre de la folie. Il allait franchir le seuil de la chambre d'Andrée, en criant :

— Oh! oui, tu es belle, tu es belle!
mais ne sois pas si fière de ta beauté, car
tu me la dois, car je t'ai sauvé la vie!

Tout-à-coup un nœud de la ceinture
embarrassa Andrée, elle s'irrita, frappa
du pied, s'assit tout en désordre sur un
lit de repos, comme si le léger obstacle
qu'elle venait de rencontrer avait suffi
pour briser ses forces, et se penchant à

demi-nue vers le cordon de la sonnette, elle lui imprima une impatiente secousse.

Ce bruit rappela Gilbert à la raison. — Nicole avait laissé la porte ouverte pour entendre, Nicole allait venir.

Adieu le rêve, adieu le bonheur, plus rien qu'une image, plus rien qu'un souvenir éternellement brûlant, dans l'imagination, éternellement présent au fond du cœur.

Gilbert voulut s'élancer hors du pavillon, mais le baron, entrant, avait attiré à lui les portes du corridor. Gilbert, qui ignorait cet obstacle, fut quelques secondes à les ouvrir.

Au moment où il entrait dans la chambre de Nicole, Nicole arrivait. Le jeune homme entendit craquer sous ses pas le sable du jardin. Il n'eut que le temps de s'effacer dans l'ombre pour laisser passer la jeune fille, qui traversa l'antichambre après en avoir fermé la porte, et s'élança dans le corridor légère comme un oiseau.

Gilbert gagna l'antichambre et essaya de sortir.

Mais Nicole, tout en accourant et en criant : « Me voilà! me voilà, mademoiselle! je ferme la porte! » Nicole fermait la porte effectivement, et non-seulement la fermait à double tour, mais encore, dans son trouble, mettait la clé dans sa poche.

Gilbert essaya donc inutilement de rouvrir la porte : il eut recours aux fenêtres. Les fenêtres étaient grillées; au bout de cinq minutes d'investigations, Gilbert comprit qu'il lui était impossible de sorir.

Le jeune homme se tapit dans un coin,

armé de cette résolution bien arrêtée de se faire ouvrir la porte par Nicole.

Quant à celle-ci, après avoir donné à son absence ce prétexte plausible d'avoir été fermer les châssis de la serre, de peur que l'air de la nuit ne fît mal aux fleurs de mademoiselle, elle acheva de déshabiller Andrée et de la mettre au lit.

Il y avait bien dans la voix de Nicole un frémissement, il y avait bien dans ses mains une agitation, il y avait bien dans son service un empressement qui n'étaient pas ordinaires et qui dénonçaient un reste d'émotion; mais Andrée, du ciel placide où planaient ses idées, regardait rarement sur la terre, et quand elle y regardait, les êtres inférieurs apparaissaient comme des atômes à ses yeux.

Elle ne s'aperçut donc de rien.

Gilbert bouillait d'impatience depuis que la retraite lui était fermée. Il n'aspirait plus qu'à la liberté.

Andrée congédia Nicole après une courte causerie dans laquelle Nicole déploya toute la câlinerie d'une soubrette qui a des remords.

Elle borda la couverture de sa maîtresse, baissa la lampe, sucra dans le gobelet d'argent la boisson tiédie sur la veilleuse d'albâtre, souhaita de sa plus douce voix un gracieux bonsoir à sa maîtresse, et sortit de la chambre sur la pointe du pied.

En sortant elle ferma la porte vitrée.

Puis, tout en chantonnant pour faire croire à la tranquillité de son esprit, elle traversa sa chambre et s'avança vers la porte du jardin.

Gilbert comprit l'intention de Nicole, et un instant il se demanda si, au lieu de se faire reconnaître, il ne sortirait point par surprise, profitant du moment où la porte serait entr'ouverte pour fuir; mais alors il serait vu sans être reconnu; il serait pris pour un voleur, Nicole crierait au secours, il n'aurait pas le temps de regagner sa corde, et, la regagnât-il, il serait vu dans sa fuite aérienne, ce qui dénoncerait sa retraite et ferait scandale, scandale qui ne pouvait manquer d'être grand chez des gens aussi mal intentionnés que l'étaient les Taverney pour le pauvre Gilbert.

Il est vrai qu'il dénoncerait Nicole, qu'il ferait chasser Nicole; mais à quoi cela servirait-il? Gilbert aurait fait le mal sans profit, par pure vengeance. Gilbert n'était pas si faible d'esprit que cela, qu'il se sentît satisfait quand il serait vengé ; la vengeance sans utilité était pour lui plus qu'une mauvaise action : c'était une sottise.

Lorsque Nicole fut près de la porte de sortie où l'attendait Gilbert, celui-ci sortit donc tout-à-coup de l'ombre où il était caché et apparut à la jeune fille dans un rayon de lumière produit par la clarté de la lune passant à travers les vitres.

Nicole allait crier, mais elle prit Gilbert

pour un autre, et, après un premier mouvement d'effroi :

— Oh! c'est vous, dit-elle, quelle imprudence.

— Oui, c'est moi, répliqua tout bas Gilbert, seulement ne criez pas plus pour moi que vous eussiez fait pour un autre.

Cette fois Nicole reconnut son interlocuteur.

— Gilbert, s'écria-t-elle, mon Dieu !

— Je vous avais prié de ne pas crier, dit froidement le jeune homme.

— Mais que faites-vous ici, monsieur, brusqua Nicole dans sa colère?

— Allons, dit Gilbert avec la même tranquillité, voilà que vous m'avez appelé imprudent tout-à-l'heure, et que vous êtes maintenant plus imprudente que moi.

— Oui, en effet, dit Nicole, je suis bien bonne de vous demander ce que vous faites ici.

— Qu'y fais-je donc?

— Vous y venez voir mademoiselle Andrée.

— Mademoiselle Andrée? dit Gilbert avec sa même tranquillité.

— Oui, dont vous êtes amoureux, mais qui, par bonheur, ne vous aime pas.

— Vraiment?

— Seulement prenez garde, monsieur Gilbert, continua Nicole d'un ton de menace.

— Que je prenne garde?

— Oui.

— A quoi ?

— Prenez garde que je ne vous dénonce.

— Toi, Nicole ?

— Oui, moi, et que je ne vous fasse chasser.

— Essaie, dit Gilbert en souriant.

— Tu m'en défies ?

— Positivement.

— Qu'arrivera-t-il donc si je dis à Mademoiselle, à M. Philippe, à M. le baron, que je t'ai rencontré ici ?

— Il arrivera comme tu l'as dit, non pas qu'on me chassera. Je suis, Dieu merci ! tout chassé, mais qu'on me traquera comme une bête fauve. Seulement, celle que l'on chassera, ce sera Nicole.

— Comment, Nicole ?

— Certainement, Nicole, — Nicole à qui l'on jette des pierres par-dessus les murs.

— Prenez garde, monsieur Gilbert, dit Nicole d'un ton de menace, on a trouvé dans vos mains, sur la place Louis XV, un fragment de la robe de Mademoiselle.

— Vous croyez ?

— C'est M. Philippe qui l'a dit à son père. Il ne se doute de rien encore, mais en l'aidant, peut-être finira-t-il par se douter.

— Et qui l'aidera ?

— Moi, donc.

— Prenez garde ! Nicole, on pourrait se douter aussi, qu'en faisant semblant d'étendre les dentelles, vous ramassez les pierres qu'on vous jette par-dessus les murailles!

— Ce n'est pas vrai, s'écria Nicole. Puis revenant sur sa dénégation :

— D'ailleurs, continua-t-elle, ce n'est pas un crime de recevoir des billets, ce n'est pas un crime comme de s'introduire ici, tandis que mademoiselle se déshabille. Ah! que direz-vous à cela, monsieur Gilbert?

— Je dirai, mademoiselle Nicole, que c'est aussi un crime, pour une sage jeune fille comme vous êtes, de glisser des clés sous les petites portes des jardins.

Nicole frissonna.

— Je dirai, continua Gilbert, que si j'ai commis, moi, connu de M. de Taverney, de M. Philippe, de mademoiselle Andrée, le crime de m'introduire chez elle, ne pouvant résister à l'inquiétude que m'inspirait la santé de mes anciens maîtres, et surtout celle de mademoiselle Andrée, que j'ai tenté de sauver là-bas, si bien tenté qu'il m'est resté, comme vous l'avouez vous-même, un fragment de la robe dans ma main; je dirai que si j'ai commis ce crime bien pardonnable de m'introduire ici, vous avez commis, vous, le crime impardonnable d'introduire un étranger dans la maison de vos maîtres, et d'aller retrouver cet étranger dans la serre où vous avez passé une heure avec lui.

— Gilbert! Gilbert!

— Ah! voilà ce que c'est que la vertu, — celle de mademoiselle Nicole, veux-je dire. — Ah! vous trouvez mauvais que je sois dans votre chambre, mademoiselle Nicole, tandis que...

— Monsieur Gilbert !

— Dites donc à mademoiselle que je suis amoureux d'elle maintenant ; moi je dirai que j'étais amoureux de vous, et elle me croira, car vous avez eu la bêtise de le lui dire vous-même, là-bas, à Taverney.

— Gilbert, mon ami.

— Et l'on vous chassera, Nicole ; et, au lieu d'aller à Trianon, près de la Dauphine, avec mademoiselle, au lieu de faire la coquette avec de beaux seigneurs et de riches gentilshommes, comme vous ne manquerez pas de le faire si vous restez dans la maison : au lieu de cela, vous irez rejoindre votre amant, M. de Beausire, un exempt, un soldat. Ah! la belle chute, en vérité, et que l'ambition de mademoiselle Nicole l'aura menée loin. Nicole, la maîtresse d'un garde française !

Et Gilbert se mit à chanter en éclatant de rire :

> Dans les gardes françaises
> J'avais un amoureux.

— Par pitié, monsieur Gilbert, dit Nicole, ne me regardez pas ainsi. Votre regard est méchant, il reluit dans les ténèbres. Par pitié, ne riez pas non plus, votre rire me fait peur.

— Alors, dit Gilbert d'un ton de voix impératif, ouvrez-moi la porte, Nicole, et plus un seul mot de tout ceci.

Nicole ouvrit la porte avec un tremblement nerveux si violent que l'on pouvait voir ses épaules s'agiter et sa tête remuer comme celle d'une vieille.

Gilbert sortit tranquillement le premier, et voyant que la jeune fille le guidait vers la porte de sortie ;

— Non, dit-il, non ; vous avez vos moyens pour faire entrer les gens ici ; moi j'ai mes moyens pour en sortir. Allez dans la serre, allez retrouver ce cher M. de Beausire qui doit vous attendre avec impatience, et demeurez avec lui dix minutes de plus que vous ne deviez le faire. J'accorde cette récompense à votre discrétion.

— Dix minutes, et pourquoi dix minutes? demanda Nicole toute tremblante.

— Parce qu'il me faut ces dix minutes pour disparaître ; allez, mademoiselle Nicole, allez donc ; et pareille à la femme de Loth, dont je vous ai raconté l'histoire à Taverney, quand vous me donniez des rendez-vous dans les meules de foins, n'allez pas vous retourner, car il vous arriverait pis que d'être changée en statue de sel. Allez, belle voluptueuse, allez maintenant ; je n'ai pas autre chose à vous dire.

Nicole subjuguée, épouvantée, terrassée par cet aplomb de Gilbert, qui tenait dans ses mains tout son avenir, regagna tête baissée la serre, où effectivement l'attendait, dans une grande anxiété, l'exempt Beausire.

De son côté Gilbert, en prenant les mêmes précautions pour ne pas être vu, regagna sa muraille et sa corde, s'aida du cep de vigne et du treillage, atteignit le plomb du premier étage de l'escalier, et grimpa lestement jusqu'à sa mansarde.

Le bonheur voulut qu'il ne rencontrât personne dans son ascension, les voisines étaient déjà couchées et Thérèse était encore à table.

Gilbert était trop exalté par la victoire qu'il venait de remporter sur Nicole pour avoir peur de trébucher sur la gouttière. Au contraire, il se sentait la puissance de marcher comme la fortune sur un rasoir affilé, ce rasoir eût-il une lieue de long.

Andrée était au bout du chemin.

Il regagna donc sa lucarne, ferma la fenêtre et déchira le billet auquel personne n'avait touché.

Puis il s'étendit délicieusement sur son lit.

Une demi-heure après, Thérèse tint parole, et vint à travers la porte lui demander comment il se portait.

Gilbert répondit par un remercîment, entremêlé des bâillements d'un homme qui se meurt de sommeil. Il avait hâte de se retrouver seul, bien seul, dans l'obscurité et le silence, pour se rassasier de ses pensées, pour analyser avec le cœur, avec l'esprit, avec tout son être les pensées ineffables de cette dévorante journée.

Bientôt, en effet, tout disparut à ses yeux, le baron, Philippe, Nicole, Beausire, et il ne vit plus, sur le fond de son souvenir, qu'Andrée à demi-nue, les bras arrondis au-dessus de sa tête, et détachant les épingles de ses cheveux.

X

Les Herborisateurs.

Les évènements que nous venons de raconter s'étaient passés le vendredi soir; c'était donc le surlendemain que devait avoir lieu dans le bois de Luciennes cette promenade dont Rousseau se faisait une si grande fête.

Gilbert, indifférent à tout depuis qu'il avait appris le prochain départ d'Andrée pour Trianon, Gilbert avait passé la journée tout entière appuyé au rebord de sa lucarne. Pendant cette journée, la fenêtre d'Andrée était restée ouverte, et une fois ou deux la jeune fille s'en était approchée faible et pâlie pour prendre l'air, et il avait semblé à Gilbert, en la voyant, qu'il n'eût pas demandé au ciel autre chose que de savoir Andrée destinée à habiter éternellement ce pavillon, d'avoir pour toute sa vie une place à cette mansarde, et deux fois par jour d'entrevoir la jeune fille comme il l'avait entrevue.

Ce dimanche tant appelé arriva enfin.
Dès la veille, Rousseau avait fait ses préparatifs ; ses souliers soigneusement cirés, l'habit gris chaud et léger tout ensemble avaient été tirés de l'armoire au grand désespoir de Thérèse, qui prétendait qu'une blouse ou un sareau de toile étaient bien suffisants pour un pareil métier ; mais Rousseau, sans rien répondre, avait fait à sa guise ; non-seulement son costume, mais encore celui de Gilbert avait été revu avec le plus grand soin, et il s'était même augmenté de bas irréprochables et de souliers neufs, dont Rousseau lui avait fait une surprise.

La toilette de l'herbier aussi était fraîche ; Rousseau n'avait pas oublié sa collection de mousse destinée à jouer un rôle.

Rousseau, impatient comme un enfant, se mit plus de vingt fois à la fenêtre pour savoir si telle ou telle voiture qui roulait n'était pas le carrosse de M. de Jussieu. Enfin, il aperçut une caisse bien vernie, des chevaux richement harnachés, un vaste cocher poudré stationnant devant sa porte. Il courut aussitôt dire à Thérèse :

— Le voici ! le voici !

Et à Gilbert.

— Vite, Gilbert, vite! Le carrosse nous attend.

— Eh bien, dit aigrement Thérèse, puisque vous aimez tant à rouler en voiture, pourquoi n'avez-vous pas travaillé pour en avoir une, comme M. de Voltaire?

— Allons donc! grommela Rousseau.

— Dame! vous dites toujours que vous avez autant de talent que lui.

— Je ne dis pas cela, entendez-vous? cria Rousseau fâché à la ménagère ; je dis, — je ne dis rien !

Et toute sa joie s'envola comme cela arrivait chaque fois que ce nom ennemi retentissait à son oreille.

Heureusement, M. de Jussieu entra.

Il était pommadé, poudré, frais comme le printemps; un admirable habit de gros satin des Indes à côtes, couleur gris de lin, une veste de taffetas lilas clair... des bas de soie blancs d'une finesse extrême et des boucles d'or poli composaient son accoutrement.

En entrant chez Rousseau, il emplit la chambre d'un parfum varié que Thérèse respira sans dissimuler son admiration.

— Que vous voilà beau! dit Rousseau, en regardant obligeamment Thérèse et en comparant des yeux sa modeste toilette et son équipage volumineux de botaniste avec la toilette si élégante de M. de Jussieu.

— Mais non, j'ai peur de la chaleur; dit l'élégant botaniste.

— Et l'humidité des bois ! Vos bas de soie, si nous herborisons dans les marais....

— Oh ! que non ; nous choisirons nos endroits.

— Et les mousses aquatiques, nous les abandonnerons donc pour aujourd'hui ?

— Ne nous inquiétons pas de cela, cher confrère.

— On dirait que vous allez au bal, et chez des dames.

— Pourquoi ne pas faire honneur d'un

bas de soie à dame nature, répliqua M. de Jussieu un peu embarrassé ; n'est ce pas une maîtresse qui vaut la peine qu'on se mette en frais pour elle ?

Rousseau n'insista pas ; du moment où M. de Jussieu invoquait la nature, il était d'avis lui-même qu'on ne pouvait jamais lui faire trop d'honneur.

Quant à Gilbert, malgré son stoïcisme, il regardait M. de Jussieu avec un œil d'envie. Depuis qu'il avait vu tant de jeunes élégants rehausser encore avec la toilette les avantages naturels dont ils étaient doués, il avait compris la frivole utilité de l'élégance, et il se disait tout bas que ce satin, cette batiste, ces dentelles, donneraient bien du charme à sa jeunesse, et que, sans aucun doute, au lieu d'être vêtu comme il était, s'il était vêtu comme M. de Jussieu, et qu'il rencontrât Andrée, Andrée le regarderait.

On partit au grand trot de deux bons chevaux danois. Une heure après le départ, les botanistes descendaient à Bougival et coupaient vers la gauche par le chemin des Châtaigniers.

Cette promenade, merveilleusement belle aujourd'hui, était à cette époque d'une beauté au moins égale, car la partie du côteau que s'apprêtaient à parcourir nos explorateurs, boisée déjà sous Louis XIV, avait été l'objet de soins constants depuis le goût du souverain pour Marly.

Les châtaigniers aux rugueuses écorces, aux branches gigantesques, aux formes fantastiques, qui tantôt imitent dans leurs noueuses circonvolutions le serpent s'enroulant autour du tronc, tantôt le taureau renversé sur l'étal du boucher et vomissant un sang noir, le pommier chargé de mousse, et les noyers, colosses dont le feuillage passe, en juin, du vert jaune au vert bleu ; cette solitude, cette aspérité pittoresque du terrain qui monte sous l'ombre des vieux arbres jusqu'à dessiner une vive arête sur le bleu mat du ciel ; toute cette nature puissante, gracieuse et mélancolique plongeait Rousseau dans un ravissement inexprimable.

Quant à Gilbert, calme mais sombre, toute sa vie était dans cette seule pensée :

— Andrée quitte le pavillon du jardin et va à Trianon.

Sur le point culminant de ce côteau

que gravissaient à pied les trois botanistes, on voyait s'élever le pavillon carré
de Luciennes.

La vue de ce pavillon, d'où il avait fui,
changea le cours des idées de Gilbert,
pour le ramener à des souvenirs peu
agréables, mais dans lesquels n'entrait
aucune crainte. En effet, il marchait le
dernier, voyait devant lui deux protec-
teurs, et se sentait bien appuyé ; il regarda donc Luciennes, comme un naufragé voit, du port, le banc de sable sur
lequel se brisa son navire.

Rousseau, sa petite bêche à la main,

commençait à regarder sur le sol ; M. de Jussieu aussi ; seulement, le premier cherchait des plantes, le second tâchait de garantir ses bas de l'humidité.

— L'admirable *Lepopodium !* dit Rousseau.

— Charmant, répliqua M. de Jussieu ; mais passons, voulez-vous ?

— Ah ! la *Lyrimachia Fenella !* Elle est bonne à prendre, voyez.

— Prenez-la si cela vous fait plaisir.

— Ah çà ! mais nous n'herborisons donc pas ?

— Si fait, si fait... Mais je crois que sur le plateau là-bas, nous trouverons mieux.

— Comme il vous plaira... Allons donc.

— Quelle heure est-il, demanda M. de Jussieu ; dans ma précipitation à m'habiller, j'ai oublié ma montre.

— Rousseau tira de son gousset une grosse montre d'argent.

— Neuf heures, dit-il.

— Si nous nous reposions un peu ; voulez-vous? demanda M. de Jussieu.

— Oh! que vous marchez mal, dit Rousseau. Voilà ce que c'est que d'herboriser en souliers fins et en bas de soie.

— J'ai peut-être faim, voyez-vous.

— Eh bien! alors, déjeunons...; le village est à un quart de lieue.

— Non pas, s'il vous plaît.

— Comment! non pas? Avez-vous donc à déjeuner dans votre voiture?

— Voyez-vous là-bas, dans ce bouquet de bois? fit M. de Jussieu en étendant la main vers le point de l'horizon qu'il voulait désigner.

— Rousseau se hissa sur la pointe du pied, et mit sa main sur ses yeux en guise de visière.

— Je ne vois rien, dit-il.

— Comment? vous n'apercevez pas ce petit toit rustique?

— Non.

— Avec une girouette et des murs de paille blanche et rouge, une sorte de châlet?

— Oui, je crois, oui, une petite maisonnette neuve.

— Un kiosque, c'est cela.

— Eh bien ?

— Eh bien ! nous trouverons-là le modeste déjeûner que je vous ai promis.

— Soit, dit Rousseau. Avez-vous faim, Gilbert ?

Gilbert, qui était resté indifférent à ce débat, et coupait machinalement des fleurs de bruyère, répondit :

— Comme il vous sera agréable, monsieur.

— Allons-y donc, s'il vous plaît, fit M. de Jussieu; d'ailleurs rien ne nous empêche d'herboriser en route.

— Oh! votre neveu, dit Rousseau, est plus ardent naturaliste que vous. J'ai herborisé avec lui dans le bois de Montmorency. Nous étions peu de monde. Il trouve bien, il cueille bien, il explique bien.

— Écoutez donc, il est jeune, lui : il sa on nom à faire.

— N'a-t-il pas le vôtre qui est tout fait ? Ah ! confrère, confrère, vous herborisez en amateur.

— Allons, ne nous fâchons pas, mon philosophe ; tenez, voyez le beau *Plantago Monanthos*, en avez-vous comme cela dans votre Montmorency ?

— Ma foi non, dit Rousseau charmé : je l'ai cherché en vain, sur la foi de Tournefort : magnifique en vérité.

— Ah ! le charmant pavillon, dit Gilbert, qui était passé de l'arrière-garde à l'avant-garde.

— Gilbert a faim, répondit M. de Jussieu.

— Oh! monsieur, je vous demande pardon; j'attendrai sans impatience que vous soyez prêt.

— D'autant plus qu'herboriser après manger ne vaut rien pour la digestion, et puis l'œil est lourd, le dos paresseux; herborisons donc encore quelques instans, dit Rousseau; mais, comment nommez-vous ce pavillon?

— *La Souricière*, dit M. de Jussieu, se souvenant du nom inventé par M. de Sartines.

— Quel singulier nom!

— Oh! vous savez, à la campagne, il n'y a que fantaisies.

— A qui sont cette terre, ce bois, ces beaux ombrages?

— Je ne sais trop.

— Vous connaissez le propriétaire, cependant, puisque vous allez y manger, dit Rousseau en dressant l'oreille avec un commencement de soupçon.

— Pas du tout...; ou plutôt je connais

ici tout le monde, les gardes-chasses qui m'ont vu cent fois dans leurs taillis, et qui savent que me saluer, m'offrir un civet de lièvre ou un salmis de bécasses, c'est plaire à leur maître; les gens de toutes les seigneuries voisines me laissent faire ici comme chez moi. Je ne sais trop si ce pavillon est à madame de Mirepoix, ou à madame d'Egmont, ou... ma ma foi, je ne sais plus... Mais le principal, mon cher philosophe, et votre avis sera le mien, je le présume, c'est que nous y trouverons du pain, des fruits et du pâté.

Le ton de bonhomie avec lequel M.

de Jussieu prononça ces paroles dissipa les nuages qui déjà s'entassaient sur le front de Rousseau. Le philosophe secoua ses pieds, se frotta les mains, et M. de Jussieu entra le premier dans le sentier moussu qui serpentait sous les châtaigniers conduisant au petit ermitage.

Derrière lui vint Rousseau, toujours glanant dans l'herbe.

Gilbert, qui avait repris son poste, fermait la marche, rêvant à Andrée et aux moyens de la voir quand elle serait à Trianon.

XI

La souricière à philosophes.

Au sommet de la colline gravie assez péniblement par les trois botanistes s'élevait un de ces petits réduits en bois rustiques, aux colonnes noueuses, aux pignons aigus, aux fenêtres tapissées de lierre et de clématites, véritables importations de l'architecture anglaise, ou plutôt des jardiniers anglais, lesquels imitent la nature, ou pour mieux dire inventent une nature à eux, ce qui donne une certaine originalité à leurs créations mobilières et à leurs inventions végétales.

Les Anglais ont inventé les roses bleues, et leur plus grande ambition a toujours été l'antithèse de toutes les idées reçues. Un jour, ils inventeront les lys noirs.

Ce pavillon, assez spacieux pour contenir une table et six chaises, était carrelé en briques sur champ. Ces briques étaient revêtues d'une natte. Quant aux murs, ils étaient faits de petites mosaïques de cailloux choisis sur la berge de la rivière et de coquillages ultrà-séquaniens ; car les grèves de Bougival et de Port-Marly n'étalent pas aux regards du promeneur l'oursin, la coquille de Saint-Jacques ou les conques nacrées et rosées qu'il faut aller chercher à Harfleur, à Dieppe ou sur les récifs de Sainte-Adresse.

Le plafond était en relief. Des pommes de pin, des souches d'une physionomie étrange, imitant les plus hideux profils de faunes ou d'animaux sauvages, semblaient suspendues sur la tête des visiteurs : en outre, on voyait par des vitres de couleurs, suivant que l'on regardait par un verre violet, rouge ou bleu, ici la plaine ou le bois du Vesinet tintés comme par un ciel d'orage, là resplendissants sous la brûlante haleine d'un soleil d'août, plus haut froids et ternes comme par une gelée de décembre. Il ne s'agissait que de choisir sa vitre, c'est-à-dire son goût, et de regarder.

Ce spectacle divertit beaucoup Gilbert, et il observa par tous les losanges le riche bassin qui se déploie aux regards du haut de la colline de Luciennes et au milieu duquel serpente la Seine.

Un spectacle cependant assez intéressant aussi, du moins M. de Jussieu le jugeait-il de la sorte, c'était le charmant déjeuner servi sur la table de bois rocailleux, au milieu du pavillon.

La crème exquise de Marly, les beaux abricots et les prunes de Luciennes, les crépinettes et les saucisses de Nanterre, fumantes sur un plat de porcelaine, sans qu'on eut vu un seul domestique les apporter ; les fraises toutes riantes dans un charmant panier tapissé de feuilles de vigne, et, à côté d'un beurre éblouissant de fraîcheur, le gros pain bis du villageois et le pain de gruau doré, cher à l'estomac blasé de l'habitant des villes. Voilà ce qui fit jeter un petit cri d'admiration à Rousseau, philosophe s'il en fut, mais gourmet naïf, parce qu'il avait l'appétit aussi vif que le goût modeste.

— Quelle folie ! dit-il à M. de Jussieu, le pain et les fruits, voilà ce qu'il nous fallait, et encore eussions-nous dû, en vrais botanistes et en laborieux explorateurs, manger le pain et croquer les prunes, sans cesser de fouiller dans les touffes et de creuser les fossés. Vous rappelez-vous, Gilbert, mon déjeuner de Plessis-Piquet, le vôtre ?

— Oui, monsieur ; ce pain et ces cerises qui me parurent si délicieux.

— Précisément.

— A la bonne heure, voilà comme déjeunent de vrais amants de la nature.

— Mon cher maître, interrompit M. de Jussieu, si vous me reprochez la prodigalité, vous avez tort : jamais plus modeste service...

— Oh! s'écria le philosophe, vous dépréciez votre table, seigneur Lucullus.

— La mienne? non pas! dit Jussieu.

— Chez qui donc sommes-nous, alors? reprit Rousseau avec un sourire qui témoignait à la fois de sa contrainte et de sa bonne humeur; chez des lutins?

— Ou des fées! dit en se levant M. de Jussieu, avec un regard perdu vers la porte du pavillon.

— Des fées! s'écria Rousseau avec gaîté; alors, bénies soient-elles pour leur hospitalité. J'ai faim : mangeons, Gilbert.

— Et il se coupa une tranche fort respectable de pain bis, passant le pain et le couteau à son élève.

Puis, tout en mordant au milieu de la mie compacte, il choisit un couple de prunes sur l'assiette.

Gilbert hésitait.

— Allez, allez! dit Rousseau; les fées s'offenseraient de votre retenue et croiraient que vous trouvez leur festin incomplet.

— Ou indigne de vous, messieurs, articula une voix argentine à l'entrée du pavillon ou se présentèrent, bras-dessus, bras dessous, deux femmes fraîches et belles, qui, le sourire sur les lèvres, faisaient signe à M. de Jussieu de modérer ses salutations.

Rousseau se retourna, tenant de la main droite le pain échancré, et de la gauche une prune entamée; il vit ces deux déesses, ou du moins elles lui parurent telles par la jeunesse et la beauté; il les vit et demeura stupéfait, saluant et chancelant.

— Oh! madame la comtesse, dit M. de Jussieu, vous ici! l'aimable surprise!

— Bonjour, cher botaniste, dit l'une des dames avec une familiarité et une grâce toutes royales.

— Permettez que je vous présente M. Rousseau, dit Jussieu en prenant le philosophe par la main qui tenait le pain bis.

Gilbert, lui aussi, avait vu et reconnu les deux femmes; il ouvrait donc de grands yeux, et, pâle comme la mort, regardait par la fenêtre du pavillon avec l'idée de se précipiter.

— Bonjour, mon petit philosophe, dit l'autre dame à Gilbert anéanti, en lui caressant la joue d'un petit soufflet de ses trois doigts rosés.

Rousseau vit et entendit; il faillit étrangler de colère : Son élève connaissait les deux déesses et était connu d'elles.

Gilbert faillit se trouver mal.

— Ne reconnaissez-vous donc pas madame la comtesse? dit Jussieu à Rousseau.

— Non, fit celui-ci hébété; c'est la première fois, il me semble....

— Madame Dubarry, poursuivit Jussieu.

Rousseau bondit comme s'il eut marché sur une plaque rougie.

— Madame Dubarry! s'écria-t-il.

— Moi-même, monsieur, dit la jeune femme avec toute sa grâce....., moi, qui suis bien heureuse d'avoir reçu chez moi et vu de près un des plus illustres penseurs de ce temps.

— Madame Dubarry! répéta Rousseau sans s'apercevoir que son étonnement devenait une grave offense........ Elle! et sans doute que ce pavillon est à elle, sans doute que c'est elle qui me donne à déjeuner.

— Vous avez deviné, mon cher philosophe, c'est elle et madame sa sœur, continua Jussieu mal à l'aise devant ces éléments de tempête.

— Sa sœur, qui connaît Gilbert?

— Intimement, monsieur, répondit mademoiselle Chon avec cette audace qui ne respectait ni humeurs royales ni boutades de philosophes.

Gilbert chercha des yeux un trou assez grand pour s'y abîmer tout entier, tant brillait redoutablement l'œil de M. Rousseau.

— Intimement...., répéta ce dernier; Gilbert connaissait intimement madame, et je n'en savais rien! mais alors j'étais trahi, mais alors on se jouait de moi!

Chon et sa sœur se regardèrent en ricanant.

M. de Jussieu déchira une malines qui valait bien quarante louis.

Gilbert joignit les mains, soit pour supplier Chon de se taire, soit pour conjurer Rousseau de lui parler plus gracieusement.

Mais, au contraire, ce fut Rousseau qui se tut, et Chon qui parla.

— Oui, dit-elle, Gilbert et moi, nous sommes de vieilles connaissances ; il a été mon hôte : n'est-ce pas, petit?......... Est-ce que tu serais déjà ingrat envers les confitures de Luciennes et de Versailles ?

Ce trait porta le dernier coup; les bras de Rousseau s'allongèrent comme deux ressorts et retombèrent à son côté.

— Ah! ah! fit-il en regardant le jeune homme de travers, c'est comme cela, petit malheureux.

— Monsieur Rousseau! murmura Gilbert.

— Eh bien! mais on dirait que tu pleures d'avoir été choyé de ma main, continua Chon. Eh bien ! je me doutais que tu étais un ingrat.

— Mademoiselle !... supplia Gilbert.

— Petit, dit madame Dubarry, reviens à Luciennes, les confitures et Zamore t'attendent...; et, quoique tu en sois sorti d'une façon singulière, tu y seras bien reçu.

— Merci, Madame, fit sèchement Gilbert ; quand je quitte un endroit, c'est que je ne m'y plais pas.

— Et pourquoi refuser le bien qu'on

vous offre? interrompit Rousseau avec aigreur. Vous avez goûté de la richesse, mon cher monsieur Gilbetr, il faut vous y reprendre.

— Mais, Monsieur, puisque je vous jure...

— Allez! allez! je n'aime pas ceux q soufflent le chaud et le froid.

— Mais vous ne m'avez pas entendu, monsieur Rousseau.

— Si fait.

— Mais je me suis échappé de Luciennes, où l'on me tenait enfermé.

— Piège ! Je connais la malice des hommes.

— Mais puisque je vous ai préféré, puisque je vous ai accepté pour hôte, pour protecteur, pour maître.

— Hypocrisie.

— Cependant, monsieur Rousseau, si je tenais à la richesse, j'accepterais l'offre de ces dames.

— Monsieur Gilbert, on me trompe souvent une fois, jamais deux ; vous êtes libre ; allez où vous voudrez.

— Mais où ? grand Dieu ! s'écria Gilbert abîmé dans sa douleur, parce qu'il voyait à jamais perdus sa fenêtre et le voisinage d'Andrée, et tout son amour ;... parce qu'il souffrait dans sa fierté d'être soupçonné de trahison ; parce qu'il voyait méconnues son abnégation, sa longue lutte contre la paresse et les appétits de son âge, qu'il avait si courageusement vaincus.

— Où ! dit Rousseau... Mais d'abord

chez Madame, qui est une belle et excellente personne.

— Oh! mon Dieu! mon Dieu! s'écria Gilbert, roulant sa tête dans ses mains.

— N'ayez pas peur, lui dit M. de Jussieu profondément blessé, comme homme du monde, de l'étrange sortie de Rousseau contre les dames, n'ayez pas peur : on aura soin de vous, et ce que vous perdrez, eh bien! on tâchera de vous le rendre.

— Vous le voyez, fit Rousseau acrimonieusement, voilà M. de Jussieu, un savant, un ami de la nature, un de vos complices, ajouta-t-il avec un effort grimaçant pour sourire, lequel vous promet assistance et fortune, et comptez-y, M. de Jussieu a le bras long!

Cela dit, Rousseau ne se possédant plus, salua les dames avec des réminiscences d'Orosmane, en fit autant à M. de Jussieu consterné; puis, sans même regarder Gilbert, sortit tragiquement du pavillon.

— Oh! la laide bête qu'un philosophe, dit tranquillement Chon en regardant le Génevois qui descendait ou plutôt qui dégringolait le sentier.

— Demandez ce que vous voudrez, dit M. de Jussieu à Gilbert, qui tenait toujours son visage enseveli dans ses mains.

— Oui, demandez, monsieur Gilbert, ajouta la comtesse avec un sourire à l'adresse de l'élève abandonné.

Celui-ci releva sa tête pâle, écarta les cheveux que la sueur et les larmes avaient collés à son front, et, d'une voix assurée :

— Puisqu'on veut bien m'offrir un emploi, dit-il, je désire entrer comme aide-jardinier à Trianon.

Chon et la comtesse se regardèrent, et, de son pied mutin, Chon alla effleurer le pied de sa sœur avec un triomphant clin-d'œil : la comtesse fit de la tête signe qu'elle comprenait parfaitement.

—Est-ce faisable, monsieur de Jussieu, demanda la comtesse, je le désire.

— Puisque vous le désirez, madame, répondit celui-ci, c'est fait.

Gilbert s'inclina et mit une main sur son cœur, qui débordait de joie après avoir été noyé de tristesse.

FIN DU TOME NEUVIÈME.

TABLE DES MATIÈRES.

I. Andrée de Taverney 1
II. Le feu d'artifice. 53
III. Le champ des morts. 59
IV. Le retour. 105
V. M. de Jussieu. 135
VI. La vie revient. 165
VII. Voyage aérien. 181
VIII. Le frère et la sœur. 209
IX. Ce qu'avait prévu Gilbert. 253
X. Les Herborisateurs. 285
XI. La souricière à philosophes. 309

www.ingramcontent.com/pod-product-compliance
Lightning Source LLC
Chambersburg PA
CBHW060334170426
43202CB00014B/2769